AF395895

L'EUROPE

ET

L'ISTHME DE SUEZ

PAR

Charles DALENG

Rédacteur de l'Union nationale de Montpellier.

PARIS

E. LACHAUD, LIBRAIRE-ÉDITEUR

4, Place du Théâtre-Français.

1869

L'EUROPE

ET

L'ISTHME DE SUEZ

Montpellier. — Typographie BOEHM & FILS.

L'EUROPE

ET

L'ISTHME DE SUEZ

PAR

Charles DALENG

Rédacteur de l'Union nationale de Montpellier.

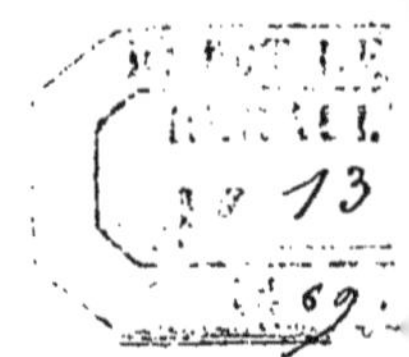

PARIS

E. LACHAUD, LIBRAIRE-ÉDITEUR

4, Place du Théâtre-Français.

1869

L'EUROPE

ET

L'ISTHME DE SUEZ

I

La prochaine inauguration du Canal de Suez marquera une date importante dans les grands faits de l'histoire contemporaine et sera le signal d'une révolution dans la politique générale de l'Europe.

En outre, nul problème n'est plus intéressant ni plus utile que celui des changements énormes réservés au négoce et à la marine du vieux continent.

La question d'Orient devient, par le fait de l'œuvre qu'accomplit M. de Lesseps, mille fois plus grave encore qu'à l'époque où l'on n'avait qu'à redouter le vol des aigles moscovites sur les rives du Bosphore.

L'Angleterre l'a si bien compris, qu'elle se dispose avec une extrême habileté à prendre un rôle prépondérant dans cette Méditerranée, qui, suivant une expression énergique et pleine de justesse, devrait être un lac français.

Une puissante société commerciale et maritime se prépare, *avec un capital de* 700 *millions*, à poser les bases du monopole britannique ; pendant que les canons anglais sont pointés en dominateurs depuis Aden et Périm dans la mer Rouge jusqu'à Malte et Gibraltar, *the Great Oriental Company* est sur le point d'obtenir les priviléges suivants :

1° La pose d'un fil électrique à travers l'Égypte et communiquant avec Brindisi ;

2° Des concessions, des priviléges pour l'établissement d'une ligne directe de paquebots, de Port-Saïd à Trieste ou à Brindisi ;

3º La création et l'exploitation d'un réseau complet de chemins de fer ;

4° Des concessions de terres importantes dans les principales villes et dans l'intérieur de l'Égypte.

Bien plus,... toujours à l'instigation de l'Angleterre et de *the Great Oriental Company*,... notre colonie algérienne est sur le point d'être tenue en échec au moyen d'un établissement commercial et maritime de premier ordre qui sera créé sur la côte de la régence de Tripoli, au port naturel de Tobrouck, « vaste bassin très-sûr, d'un accès facile et accessible aux navires du plus fort tonnage ».

Marseille vient de pousser un cri d'alarme, car elle commence à craindre que le canal de Suez n'apporte la ruine à la vieille cité phocéenne.

L'Allemagne et l'Italie se réjouissent, car Trieste, Gênes et Brindisi promettent de devenir les grands marchés de l'Europe occidentale.

M. de Bismark se repose dans l'ombre de l'adroite manœuvre qui, au moyen des chemins de fer suisses, enlèvera au bassin du Rhône et à tout l'est de la France le transit et l'entrepôt de l'Allemagne du Nord et du bassin de la Baltique.

Nous aurons à étudier cette question de Suez sous toutes les faces, car elle intéresse non-seulement les intérêts généraux de la nation, mais aussi les intérêts particuliers de nos contrées méditerranéennes.

II

Afin de résumer par quelques chiffres éloquents les avantages du canal de Suez, nous allons citer la différence dans les longueurs de route pour se rendre dans les Indes, soit par l'isthme de M. de Lesseps, soit par le cap de Barthélemy Diaz :

INDICATION DES PORTS D'EUROPE ET D'AMÉR.	DISTANCE JUSQU'A BOMBAY.		DIFFÉRENCE en faveur du canal DE SUEZ.
	PAR L'ATLANTIQ.	PAR SUEZ.	
	lieues.	lieues.	lieues.
Constantinople..........	6,100	1,800	4,300
Trieste..................	5,900	2,300	3,600
Malte...................	5,800	2,060	3,770
Marseille...............	5,650	2,374	3,276
Cadix...................	5,200	2,224	2,976
Lisbonne................	5,350	2,500	2,850
Bordeaux................	5,650	2,800	2,850
Le Havre................	5,800	2,824	2,976
Londres.................	5,950.	3,100	2,800
Amsterdam...............	5,950	3,100	2,850
Saint-Pétersbourg........	6,550	3,700	2,850
New-York................	6,200	3,760	2,440
Nouvelle-Orléans........	6,450	3,720	2,720

On peut donc affirmer, en thèse générale, que le canal de Suez raccourcit de moitié les distances.

Ce résultat est énorme, non-seulement au point de vue commercial, mais surtout par les avantages stratégiques que retirerait de la possession de l'isthme une puissance européenne à une époque de guerre dans les Indes.

M. de Lesseps possède une noble devise :

« Aperire terram et dare pacem gentibus.... »

Mais il est à craindre que la première des deux idées ne donne des prétextes de guerre, au lieu d'ouvrir aux nations des sources de pacifique prospérité !

Déjà les faits parlent avec une éloquence irrésistible. Le sultan commence à redouter son heureux vassal. Que les difficultés actuelles entre le padischah et le khédive s'apaisent ou non, il est incontestable que nous ne sommes qu'au prologue des drames auxquels Suez servira de théâtre. Ismaïl-Pacha dépassera ses prédécesseurs dans les dangers qu'il fera courir à l'empire ottoman. Quelle différence entre la situation présente du vice-roi et celle de l'Égypte, lorsque Ibrahim-Pacha, arrivé à quatre-vingts lieues de Constantinople, signa, le 14 mai 1833, le traité de Kutayet !

Le Pierre-Paul Riquet de l'Orient fait en ce moment remporter à l'ancien royaume des Pharaons une victoire plus éclatante et plus durable que cette fameuse bataille de Nezib, par laquelle le vicaire du Prophète faillit, le 18 juillet 1839, laisser le Bosphore sous la domination des modernes mamelucks, et resta du moins suspendu entre la puissance impériale et la ruine complète, comme le tombeau de Mahomet entre le ciel et la terre !

De même que le trône d'Abd-ul-Medjid-Khan fut sauvé par les puissances occidentales au moyen de la note du 18 juillet 1839 et de la coalition qui rendit célèbre le 15 juillet 1840 , la domination exercée aujourd'hui par Constantinople ne peut, en réalité, se maintenir que par l'intérêt collectif de l'Europe à ne pas laisser un royaume important prendre une prépondérance décisive depuis les rives du Nil jusque sur les flancs du Sinaï.

L'isthme de Suez est appelé à devenir un véritable Gibraltar, mais plus redoutable encore que celui de la péninsule espagnole.

Si une guerre maritime éclate un jour dans les Indes contre l'Angleterre, la Grande-Bretagne est perdue, quant à ses possessions de l'Orient asiatique, si la France ou toute autre grande nation européenne établit en dominatrice ses forteresses et ses batteries entre Port-Saïd et la mer Rouge.

Par là s'explique la conduite, étrange en apparence, qu'a tenue constamment le cabinet britannique envers l'œuvre de M. de Lesseps. Les successeurs de Pitt se sont d'abord efforcés de nier la possibilité du canal ; puis, devant l'évidence des faits, ils ont changé complètement de tactique. L'Angleterre a saisi sous les griffes de son léopard Aden et Périm ; elle a fait jouer tous les ressorts dangereux de sa diplomatie auprès du sultan et du khédive ; l'influence de la *perfide Albion* (vieux style) a su conquérir des avantages qui sont appelés à se développer sans cesse, si les États européens et la grande république Américaine ne savent y mettre bon ordre.

Suez va devenir l'objectif suprême de tous les peuples qui ont des intérêts à sauvegarder en Orient.

Il faut que l'influence anglaise soit arrêtée dans son essor ; il faut que la France sache se poser en adversaire de tous ceux qui voudraient accaparer les profits généraux du percement de l'isthme ; il faut enfin que l'Europe entière et les États-Unis s'occupent à une neutralisation non pas factice, mais effective et puissante du canal, qui devient le détroit formidable dans lequel toutes les flottes commerciales et toutes les escadres militaires sont appelées à voguer.

Le pavillon britannique ne doit pas flotter seul en maître dans les mers indiennes, et peut-être un jour sur les flots de la Méditerranée.

Toutes les nations de race grecque ou latine ont plus de droit que l'Angleterre à exercer une action prépondérante sur le gigantesque travail qui va changer les rapports commerciaux de l'Europe.

Ce sont là d'ailleurs de vastes considérations que nous aurons bientôt à développer.

III.

La question de Suez transforme si complètement les affaires européennes, que M. de Lesseps a pu s'écrier avec justesse, en 1858, dans une conférence : « Il ne s'agit plus seulement de mettre en communication le Nil avec la mer Rouge, mais bien de percer en ligne directe, de la Méditerranée à la mer Rouge, une immense tranchée; de créer, en un mot, *un véritable Bosphore.* »

Ainsi, le promoteur du canal juge, comme nous, que la question d'Orient se déplace ; il est convaincu de l'importance capitale que va prendre la nouvelle œuvre dans le monde politique ; il reconnaît au détroit creusé par l'intelligence humaine tous les caractères d'un *véritable Bosphore*, c'est-à-dire d'un point stratégique qu'aucun autre ne dépasse en importance, en complications et en dangers futurs.

Mais l'événement gigantesque qui résultera du travail de Suez dans les fastes historiques et dans les révolutions sociales du xixᵉ siècle, n'a été encore signalé par personne, pas même par M. de Lesseps : c'est l'introduction des États-Unis dans l'équilibre européen.

Nous devons ouvrir ici une courte parenthèse : la doctrine Monroë est non-seulement absurde, mais elle est en opposition flagrante avec les intérêts du Nouveau Monde. Les Yankees reconnaîtront bientôt que la civilisation forme un tout homogène ; diviser l'hémisphère boréal en deux continents est une aberration. L'Amérique n'est pas plus aux Américains que l'Europe n'appartient aux Européens. Au-dessus de ces mesquines considérations d'intérêt local (ou continental, si l'on veut), il y a la société humaine, la société civilisée, la société chrétienne !

Arrière les préjugés qui parquent les hommes, comme des troupeaux de moutons, en provinces, en peuples et en races !

Le globe s'amoindrit et se courbe devant la toute-puissance de la vapeur et de l'électricité. Avant un siècle, les divisions factices de la géographie politique se seront anéanties devant la force majeure des événements : on ne sera plus en présence d'un Français, d'un Anglais, d'un Allemand ou d'un Américain ayant la ridicule prétention d'implanter sa nationalité sur un point quelconque du monde; il n'existera plus que l'homme et le globe.

Grandeurs futures de la civilisation que nos descendants pourront seuls contempler, mais vers lesquelles nous marchons avec l'omnipotence des découvertes et des engins scientifiques que l'âme tient à sa disposition par la volonté de Dieu, pour dompter la terre !

Après ces brèves, mais indispensables considérations, revenons au centre même de la question qui nous occupe.

Donc, les États-Unis seront introduits dans les affaires européennes par le canal de Suez.

Peut-il en être autrement !

C'est impossible.

Les peuples industriels et commerçants (c'est le cas de l'Amérique du Nord, de la Grande-Bretagne) ne s'immiscent dans les affaires étrangères qu'en ayant à l'avant-garde un intérêt matériel.

Du moment que New-York n'est plus qu'à 3,760 lieues de Bombay, au lieu de s'en trouver éloignée par 6,200 lieues, on peut regarder comme un fait irréfragable que les États-Unis ne consentiront jamais à laisser une puissance quelconque de l'Europe dépasser l'influence des Américains au canal de Suez.

Inutile de discuter une telle vérité commerciale et politique.

En conséquence, les États-Unis sont devenus, par la force des choses, partie intégrante du concert européen (ou civilisé, si l'on tient à se servir d'une expression plus juste).

La France doit-elle voir ce grand fait d'un œil jaloux ?
Non, sans doute.

Les États-Unis nous serviront à lutter contre les prétentions anglaises de dominer, sinon en apparence mais en
réalité, l'œuvre immortelle de l'un de nos compatriotes.

L'heure est suprême.

Il faut que le gouvernement impérial prouve qu'il est
à la hauteur des événements que la question de Suez va
faire surgir.

Les intérêts de notre nation exigent qu'une étroite
alliance avec l'Amérique de Washington et les États
européens de race latine ou de source grecque, contreba-
lancent les vouloirs exorbitants de l'Angleterre et de la
Russie.

Est-ce bien difficile ?

Peut-être, avec la politique ayant fait l'expédition contre
Juarez et causé la mort de Maximilien.

Nullement, avec cette ampleur de vues sociales qui
sait conquérir l'ensemble des faits et non pas se perdre
dans les détails.

Il est facile à la diplomatie française d'isoler l'Angleterre en profitant des intérêts opposés (en Orient) de
Londres et de Moscou.

Il est facile de tendre sans arrière-pensée une main ami-
cale à cette grande république américaine que l'épée de
la France a héroïquement secondée aux grands jours de
l'ancienne monarchie.

Il est facile, en un mot, de s'unir étroitement aux
peuples des bords de la Méditerranée, que les liens des
origines et des traditions joignent à nous.

En un mot, rien n'est plus aisé que de prendre une

position formidable à Suez, si le cabinet des Tuileries sait comprendre sa mission.

Il y a cent ans, un empereur mahométan s'écriait avec une intelligence prophétique, en parlant de l'isthme : « Une position si heureuse devrait dicter des lois immuables, et le canal de la mer Rouge deviendra la base du droit public des nations. »

Eh bien ! que Napoléon III se montre à la hauteur des paroles si profondes que prononçait le sultan Mustapha III, au moment d'aller battre les Russes dans la campagne de 1773.

D'ailleurs, les intérêts commerciaux de la France l'exigent à un degré suprême, et c'est ce que nous allons examiner.

IV.

Le général Bonaparte se trouvait un jour en plein désert, avec l'un des savants de l'expédition d'Égypte (Monge ou Berthollet, si notre mémoire est fidèle).

L'immensité des sables se déroulait devant eux dans leur sauvage et sublime nudité.

Le vainqueur des Pyramides eut un sourire mélancolique et s'écria :

— Eh bien ! citoyen, que pensez-vous de tout ceci ?

— Je pense, général, répondit le savant, que si l'on voit jamais dans ces déserts autant de voitures qu'à l'Académie de musique, à Paris, un soir d'opéra, il se sera accompli de fameuses révolutions sur le globe.

La spirituelle réponse croyait plaisanter devant un fait irréalisable !

Les grandes révolutions se sont accomplies !

Nous ne sommes pas éloignés de l'heure qui laissera voir, dans les déserts, des villes florissantes et l'incessante activité de la civilisation européenne.

La vraie capitale d'un futur royaume égypto-syrien ne se trouve plus au Caire ; elle s'élève et grandit de minute en minute à Ismaïlia, le chef-lieu du canal, Babylone des siècles prochains, placée au centre de l'isthme, entre Port-Saïd et Suez.

Ce sera mieux qu'une Constantinople ; elle deviendra le grand entrepôt, le trait d'union entre les immenses terres de l'Orient et de l'Europe.

Napoléon Ier disait à l'un de ses diplomates : « Traitez avec le Saint-Père comme s'il était à la tête de cinq cent mille hommes. »

Par un autre ordre d'idées et de faits, le khédive égyptien se trouve dans l'une de ces positions exceptionnelles qui mettent au premier rang, malgré la faiblesse du nombre des soldats.

Pourvu que le vice-roi ait sous ses ordres une simple armée défensive, capable de protéger l'isthme contre toute invasion ; pourvu que ses forteresses puissent tenir en respect les prétentions de l'ennemi, il aura bientôt le droit de marcher de pair avec les grandes puissances européennes, car il tiendra sous sa domination suprême la grande voie du mouvement commercial et politique entre les Océans et toutes les terres continentales.

Pourquoi Mehemet-Ali n'est-il plus de ce monde? Sa main puissante refoulerait toute ingérance étrangère. Les éclairs terribles de son cimeterre feraient pâlir Constantinople ; depuis l'Asie-Mineure jusqu'aux déserts où l'antiquité allait consulter l'oracle d'Hammon, il ferait bondir les chevaux agiles des escadrons vainqueurs ; il agrandirait les bases de cette capitale puissante qui se reflétera un jour dans les eaux de Suez ; avec cette énergie suprême et cette impassibilité mystérieuse qui sont les caractères du génie, il lutterait contre l'omnipotence de l'Angleterre, les intrigues de la Turquie et les insinuations de Saint-Pétersbourg.

Il comprendrait que la France est l'alliée naturelle de l'Égypte, et rendrait à notre patrie ce prestige auquel elle possède tous les droits sur le sol glorieux qui vit les armées gauloises s'illuminer aux feux du Thabor, combattre sous les regards de quarante siècles étonnés, et mêler la flamme des batailles aux éclairs mystérieux du Sinaï.

Le plus saint de nos rois n'a-t-il pas combattu en héros sur la terre égyptienne ?

Depuis les croisades jusqu'au xix⁰ siècle, la France a sans cesse mêlé son nom et sa gloire aux souvenirs historiques des terres levantines.

Aujourd'hui encore, c'est à un Français, c'est à M. de Lesseps que l'Orient doit sa régénération, sa rentrée dans le monde civilisé, sa fortune prochaine et sa prépondérance redoutable.

Le rôle de la France est tracé par les antécédents les plus nobles et les plus équitables ; si elle ne maintient pas à Suez une influence nécessaire, ce sera l'une des plus grandes fautes que l'avenir puisse reprocher aux préjugés autoritaires du second Empire.

L'heure est venue d'aborder les questions d'Orient dans leur ampleur démesurée, et d'indiquer la politique exigée par nos intérêts commerciaux et civilisateurs.

V

Avant que le canal ait été exploité pendant quinze ans, la population de l'isthme s'élèvera au moins à quatre millions d'âmes. Nous comprenons dans ce chiffre, non-seulement les futurs habitants de Suez, d'Ismaïlia et de Port-Saïd, mais encore les colonies agricoles qui sont nécessairement appelées à se fonder sur toute la longueur du nouveau Bosphore et dans le désert, fertilisé par une intelligente distribution des eaux et par des plantations habilement exécutées.

Ismaïlia devenant la vraie capitale politique et militaire des régions égypto-syriennes, Port-Saïd remplacera dans un temps donné l'importance actuelle d'Alexandrie.

Ainsi, une notable émigration européenne viendra bientôt continuer le mouvement qui attire déjà beaucoup d'individus et de familles vers la création de M. de Lesseps.

Mais les terres indiennes et l'Afrique orientale ne resteront pas inférieures à l'ascension de l'Orient dans les sphères du progrès.

La loi de Newton ne s'applique pas seulement à la gravitation universelle ; elle entre même dans les rapports des divers centres civilisés.

Ce serait une étude digne des plus hautes considérations philosophiques, que d'examiner combien les lois du monde matériel trouvent des consonnances dans l'univers des âmes.

Mais un tel examen sortirait du cadre que nous nous sommes tracé. Contentons-nous de dire que les groupes distincts de la société humaine s'attirent en raison directe de leurs masses intellectuelles et en raison inverse du carré de leurs distances.

La science contemporaine n'est pas assez avancée pour que l'on puisse poser la formule, en quelque sorte mathématique, de ce théorème social; mais nous pouvons affirmer que si deux régions du globe, étant à une distance réciproque représentée par 4, ont par le perfectionnement des voies de communication cette même distance réduite à 2, l'augmentation des rapports de toute nature entre les deux pays est proportionnelle en raison inverse des carrés de 2 et de 4. En un mot, dans la question qui nous occupe, les relations entre les terres indiennes étant égales à 4, deviendront égales à 16, par le fait de la diminution d'une moitié dans la longueur des voyages entre l'Europe et l'Asie méridionale.

Si nous n'avions à craindre d'entrer dans un développement de considérations trop abstraites, nous pourrions affirmer que le *rapport des distances* étant lui-même modifié par le *rapport des masses*, suivant le principe newtonien, — les relations créées par le canal de Suez doivent entrer dans une progression sans cesse croissante, et dépassant de beaucoup tout ce que l'on peut imaginer.

Ainsi, les mers indiennes sont appelées à dessiner les rives d'un grand nombre de colonies européennes, qui n'existent guère qu'en germe dans ce moment.

L'Hindoustan verra la civilisation chrétienne refouler de plus en plus les multitudes soumises aux brahmes.

Un immense développement social, issu des rapports commerciaux et des migrations individuelles, doit faire entrer les terres asiatiques, les archipels océaniques et l'Australie dans la communion complète de la société européenne. En conséquence, l'œuvre de M. de Lesseps n'aura pas seulement ouvert une nouvelle facilité au transport des produits indiens sur les marchés des pays occidentaux, mais elle aura surtout servi au progrès de la civilisation, à la marche triomphale des Européens vers tout un nouveau monde, moins connu encore que les deux Amériques.

De là résultent des faits si considérables, que l'on a le droit de rester étonné en présence de l'attitude, en quelque sorte négative, prise par le cabinet des Tuileries au moment de l'inauguration de ce canal de Suez, qui va transformer tout l'ancien continent.

VI.

Le canal de Suez n'aura pas seulement pour résultat d'augmenter l'activité de l'Europe, car il ouvrira aussi une ère nouvelle dans la civilisation de l'Orient.

De là, pour nos intérêts français, double point de vue dans les questions qui sont du ressort de l'économie politique :

1o Importation des produits indiens sur les marchés français ;

2o Exportation des produits français sur les marchés indiens.

Notre gouvernement ne s'est encore préoccupé ni de l'une ni de l'autre éventualité.

Marseille seule a préparé ses ports, agrandi ses entrepôts, ouvert de larges rues, ajouté de nouveaux ornements à sa parure de reine de la Méditerranée, pour recevoir la capricieuse déesse de la Fortune lorsqu'elle viendra débarquer sur les quais de l'antique cité phocéenne en semant sur ses pas les perles, les émeraudes, les rubis et les diamants apportés de l'Orient à travers l'isthme de M. de Lesseps.

Mais tous ces rêves des *Mille et une Nuits* s'évanouissent devant la froide réalité.

Le nouveau Bosphore augmentera la prospérité de la France, mais à la condition que l'on saura profiter des ressources que l'inauguration du canal va mettre dans nos mains.

Avant d'examiner, au point de vue technique, les chances de succès apportées par M. de Lesseps, insistons, car c'est indispensable, sur le fait primordial qui causera nos victoires ou nos revers dans la lutte pacifique ouverte entre les diverses nations de l'Europe par la nouvelle route des Indes.

LA PRINCIPALE QUESTION EST DE SAVOIR SI LA FRANCE DOIT ÊTRE SOUMISE AU SYSTÈME AUTORITAIRE OU BIEN AU RÉGIME FRANCHEMENT PROGRESSISTE ET LIBÉRAL.

Nous ne nous détournons en rien de l'objectif de Suez.

Sans ouvrir ici un débat de politique absolue, il est indispensable de prouver que, *sans liberté politique et sociale,* il ne peut résulter pour nous qu'une augmentation très. secondaire de fortune nationale dans les conséquences de l'œuvre pharaonienne du canal maritime.

Si les colonies anglaises réussissent partout, et si les entreprises américaines trouvent en général un succès prodigieux, c'est à l'initiative individuelle que l'on doit ces admirables résultats.

Pas de liberté politique, pas d'initiative individuelle !

C'est là un théorème que les faits s'accomplissant autour de nous font passer de plus en plus à l'état d'axiome.

Avec le système autoritaire, la personnalité humaine tend à s'anéantir; elle est moins que la plus modeste pièce d'un jeu d'échec; elle est à peine comparable au rouage infime d'une machine gigantesque; elle est un simple grain de sable que le vent capricieux de l'administration fait mouvoir au gré de ses fantaisies.

Avec le système autoritaire, l'homme, le citoyen, le Français n'existe plus.

Sur toute la surface territoriale de la nation, étend ses millions de pattes acérées un monstre apocalyptique, composé non pas de chair et de sang, mais de toutes les abstractions sophistiques inventées par Napoléon Ier et par la plupart des majorités législatives qui se sont succédé depuis 1789 jusqu'à nos jours.

En langage de l'école, cette chimère personnifiée s'appellerait *un être d'imagination.*

Ce monstre possède un nom :

L'ÉTAT.

C'est lui qui fait tout; c'est lui qui possède toute l'initiative, tous les droits, tous les monopoles, tous les priviléges.

Depuis plus de soixante et dix ans, cette immense aberration étouffe et broie la France sous son poids colossal, s'empare de ses trésors pour les pulvériser au moyen du budget, épuise les forces vives de la nation dans une lutte suprème, cause ces soubresauts périodiques qu'on appelle les révolutions, et s'approprie le sang héroïque des enfants de la patrie pour le faire couler en fleuves épouvantables dans les hécatombes que les gouvernements personnels dressent à leur caprice et sans contrôle sur de glorieux et stériles champs de bataille.

Ainsi l'État, abstraction organisée, toute-puissante et dictatoriale, respire seul en France et empêche les dix millions de citoyens d'exécuter le moindre acte de la vie sans une intervention légale, administrative, réglementaire et fiscale.

Qu'en résulte-t-il?

C'est que les Français, ayant l'âme façonnée à ce despotisme depuis leur naissance, ne peuvent jamais tenter la moindre entreprise sans avoir recours à l'État.

Ainsi, prenons un exemple dans la question même de Suez :

Marseille commence à craindre que Trieste et Brindisi lui enlèvent les bénéfices du canal. Que fait-elle?

Les Phocéens modernes ne songent pas individuellement à détourner d'une manière quelconque la défaite qu'ils redoutent dans la concurrence étrangère ; ils se disent : Nous avons une Chambre de commerce, un Conseil municipal et un Conseil général. C'est à ces assemblées de prendre en main la défense des intérêts de Marseille; nous n'avons pas à nous en occuper.

Qu'ont déjà fait en partie, ou bien que feront encore la Chambre de commerce, le Conseil municipal ou le Conseil général?

Ils songeront seulement à une chose, à se tourner vers l'État et à lui dire : Nous craignons Trieste et Brindisi; protégez-nous, défendez-nous. Faites ceci, faites cela; mais vous seul êtes puissant, vous seul avez droit d'initiative, vous seul disposez des ressources qui peuvent nous permettre de combattre la cité qui sort de ses ruines virgiliennes, à l'entrée de l'Adriatique, et le port illyrien qui sert de seuil et d'arc de triomphe à l'Allemagne, sur les heureux flots que sillonnaient autrefois les riches galères de Venise.

Ainsi en France, tout le monde se tourne vers l'État, tout le monde a recours à l'État.

Peut-il en être autrement avec le système autoritaire?

Non, sans aucun doute.

On prétend que les Français n'ont pas l'esprit d'initiative, l'esprit d'association, l'esprit de colonisation.

N'y a-t-il donc pas, dans notre beau pays, des multitudes d'hommes remplis d'énergie, d'intelligence et de vouloir?

Ce qui manque en France, c'est un régime gouvernemental qui, pour le définir en un mot, soit l'*inverse* de celui que l'on a pratiqué depuis l'ancienne révolution.

On a voulu faire tenir la pyramide le sommet en bas et la base en l'air, et l'on s'étonne des chutes qui jettent à terre avec une périodicité fatale tous les gouvernements. Eh bien! que l'on rétablisse l'édifice social sur ses vrais fondements, et nous pourrons rivaliser avec l'Angleterre et les États-Unis dans la voie d'un large progrès, dans l'absence de révolutions, dans le développement continu de la prospérité commerciale, industrielle et maritime.

Telles sont les considérations qu'il nous était impossible d'éviter en voulant nous rendre un compte exact de notre rôle futur dans la question de Suez.

Il nous reste maintenant à calculer les chances favorables ou funestes qui appartiennent aux divers ports méditerranéens, avant de prendre dans leurs grands aspects les problèmes de l'importation et de l'exportation entre les Indes et l'Europe.

VII

Pendant que les puissances méditerranéennes se tiennent dans une expectative pleine d'incertitude et de faiblesse, au lieu de se préparer avec résolution à la concurrence, la Grande-Bretagne se dispose à conquérir la monopole du commerce oriental.

L'Égypte, l'Arabie, la Chine et l'Hindoustan se trouvent soumis de plus en plus au vasselage britannique.

Par le télégraphe électrique et au moyen des paquebots, l'Angleterre s'efforce de diminuer sans relâche les distances séparant de l'Europe les contrées que baignent la mer d'Arabie et le golfe de Bengale.

Les chemins de fer indiens ont déjà leur tête de réseau à Bombay, la future New-York de l'Orient, suivant l'expression du *Bombay-Times*.

De là, les railways se dispersent dans les vastes plaines du Dekan et courent dans la vallée du Gange.

A l'avantage d'être la ville la moins éloignée de l'Europe, Bombay joint l'heureuse fortune d'éviter aux navires les dangers que présente l'obligation de doubler le cap Comorin et de franchir le détroit de Palk en calculant les moussons périodiques et en s'exposant aux cyclones.

Un rapide coup d'œil sur les possessions anglaises dans l'Inde cisgangétique fera comprendre l'*acharnement* avec lequel nos voisins d'outre-Manche s'emparent de toutes les positions qui peuvent leur servir à dominer l'isthme de Suez, soit au moyen de la diplomatie, soit par la force matérielle des forteresses et des canons.

Nous sommes bien loin de l'association commerciale que fondèrent en 1560 quelques marchands de Londres ! Aux *quatre* comptoirs possédés en 1634 par la Compagnie; aux rapides agrandissements dus aux victoires que remportèrent lord Clive, le général Harris et lord Bentinck; à la conquête guerrière et mercantile d'une presqu'île ayant 3,000 kil. du N. au S., et 2,500 kil. de l'E. à l'O.; à la domination de *deux cents millions* d'Indiens, la Grande-Bretagne doit le rôle prépondérant qu'elle joue dans l'Asie méridionale.

Voici les *possessions immédiates* de l'Angleterre.

Présidences.	Pays.
CALCUTTA.......	Bengale.
	Behar.
	Allahabad.
	Aoude.
	Agra.
	Delhi.
	Gheroual.
	Adjemir.
	Orissa.
	Gandouana.
MADRAS.........	Karnatie.
	Coïmbetour.
	Maïssour.
	Malabar.
	Kanara.
	Balaghat.
	Circars septentrionaux.

Présidences.	Pays.
BOMBAY	Aurengabad. Bedjapour. Kandeich. Guzzerat,
PENDJAB	le Trans-Sutledge. le Cis-Sutledge. Les anciens territoires de Delhi, Meerut, Agra, Rohilkaud, Allahabad et Bénarès.

Si l'on joint à cette nomenclature l'île de Ceylan et les *possessions médiates,* c'est-à-dire gouvernées par des princes indigènes, quoique soumises à la domination britannique, on reste ébloui devant l'essor colossal de la puissance anglaise dans les Indes.

Notons, en passant, que ces possessions médiates comprennent quarante-trois principautés ou provinces et onze royaumes.

Puisque les problèmes d'importation et d'exportation font partie intégrante de la question qui nous occupe, il n'est pas superflu de rappeler en un court tableau les richesses naturelles de l'Hindoustan.

« Le sol est d'une fertilité incomparable en grains, fruits, riz, canne à sucre, coton, indigo, safran, oliviers, etc. Vastes forêts remplies d'arbres magnifiques et précieux (sandal, cocotier, manguier, gommier, etc.). Mines d'or, d'argent, de cuivre, d'étain, de zinc, de sel ; beaux diamants (ceux du Bengale, de Bundelkaud, de Golconde, sont les plus beaux de l'univers), rubis, saphirs, améthystes, tourmalines, etc. Le mytile à perles est très-commun au cap Comorin. »

Quelles ressources ne peut pas offrir une telle contrée

lorsque le canal de Suez aura donné une énorme facilité aux transports de marchandises et à la colonisation !

Si nous ajoutons que l'Indo-Chine renferme des produits encore plus riches que l'Hindoustan, on aura une idée rapide des trésors que l'œuvre de M. de Lesseps va mettre à une facile portée de la grande famille européenne.

Quant aux possessions françaises dans l'Inde, ce qu'il y a de mieux à faire, c'est de ne pas en parler et de former le souhait qu'une rapide transformation dans notre régime politique permette de développer le rôle exigu que nous jouons dans ces parages lointains.

Voilà donc les conséquences d'un régime libéral appliqué aux nations. Les particuliers, possédant l'initiative en toutes choses, peuvent donner carrière à leur intelligence et à leur énergie.

Le système autoritaire a tué toutes les colonies françaises. Le souffle vivifiant de la liberté a donné un épanouissement splendide à toutes les migrations anglaises ou américaines.

Qu'avons-nous fait, par exemple, de l'Algérie ?

Nul n'ignore l'état déplorable de cette belle et glorieuse terre africaine, sur laquelle la France a répandu en vain des flots de sang pour la fertiliser.

Eh bien ! l'Angleterre ne nous écrase pas seulement de son influence en Orient, elle est sur le point de nous ravir même notre prépondérance dans l'ancienne Numidie.

Pour que l'on ne puisse pas supposer un parti-pris quelconque de critiquer le gouvernement, nous allons citer une correspondance d'Alexandrie que plusieurs journaux français ont déjà publiée :

« On dirait que la Grande-Bretagne prend à cœur d'enlever à la France et à sa colonie algérienne toutes les chances de profits que leur offrait le percement de l'isthme.

» La côte de la régence de Tripoli, qui s'étend entre la Tunisie à l'ouest et l'Égypte à l'est, possède plusieurs refuges contre les mauvais temps, mais tous en face d'une terre déserte. Vos marins qui fréquentent ces parages connaissent bien la rade de Bonba et surtout le port naturel de Tobrouck, vaste bassin très-sûr, d'un accès facile et accessible aux navires du plus fort tonnage.

» Tobrouck est aujourd'hui une misérable bourgade qui ne compte certainement pas plus de cinquante familles, vivant exclusivement du produit de la pêche, et toutes dans un état de très-grande misère. Un firman du sultan vient d'autoriser, vous le savez sans doute déjà, le bey de la régence de Tripoli, Ali-Riza-Pacha, à faire à Tobrouck un établissement maritime de premier ordre. La *ville* est érigée en chef-lieu d'arrondissement et son port est déclaré *port-franc*.

» Pendant dix ans, les familles qui viendront s'établir à Tobrouck seront affranchies de tout impôt et recevront en outre gratuitement du bétail pour la culture des terres ; des semences, les matériaux nécessaires pour construire des maisons et leur nourriture pendant la première année.

» Ali-Riza-Pacha, qui est un homme actif et intelligent, doit se rendre très-prochainement sur les lieux pour ordonner lui-même la construction d'un lazaret, d'une caserne et d'un arsenal maritime.

» Eh bien ! tout cela est fait à l'instigation encore de *the Great Oriental Company*, qui compte s'établir à Tobrouck.

» La position de cette ville est non moins importante pour l'Angleterre, au point de vue politique et maritime, qu'au point de vue commercial. Tout le commerce du Ouapay s'y rendra de préférence à Bengazy et à Tripoli (de Barbarie), et une fois que les Anglais y auront pris pied, ils sauront bien y attirer aussi les caravanes de l'intérieur de l'Afrique.

» Ainsi, comme situation, comme refuge et comme place de

commerce, la création de Tobrouck ne peut que nuire à l'Algérie et assurer aux Anglais une influence très-grande dans la Méditerranée et sur la côte septentrionale de l'Afrique. »

Et nunc... instruisez-vous, Français! Vous avez sacrifié la prospérité de vos affaires individuelles et sociales à l'on ne sait quel idéal autoritaire; vous avez cru mieux faire que les États-Unis et l'Angleterre, tandis que vous marchiez au rebours du progrès; vous vous intituliez vous-mêmes la grande nation,... et toutes vos œuvres sont frappées de stérilité, parce que vous n'avez pas su comprendre dans quelle voie se trouve la fortune pour un peuple!

Mais une salutaire réaction s'accomplit en ce moment même contre l'ordre de choses qui atrophie la France depuis 1789 : on commence à comprendre combien cette machine artificielle qu'on nomme l'État, a besoin d'être remaniée dans le moindre rouage; on n'hésite plus enfin à revendiquer cette liberté *sans épithète* qui est la source fécondante de toute prospérité nationale.

Aujourd'hui, plus que jamais, le *self government* est indispensable à notre patrie; les conséquences de la création de Suez en servent de preuve. Mais s'il est besoin de le démontrer encore, nous allons mettre en regard du rapide tableau que nous venons de tracer, au sujet de l'Angleterre dans les Indes et dans la Méditerranée, l'aspect que vont prendre les ports de Brindisi, de Trieste, de Marseille et.... de Cette, suivant que la dictature de l'État viendra entraver ou non l'élan de l'industrie et du commerce dans chacun de ces ports de mer.

VIII

PORT-SAID

TRIESTE, BRINDISI, MARSEILLE ET CETTE.

Arrivé au point actuel de nos considérations sur le canal maritime, ce n'est point un titre que nous inscrivons à la tête de ce paragraphe, mais une indication de la route déjà parcourue dans la question de Suez.

Il s'agit de fixer maintenant, après les grands aspects potiques du problème, les caractères spéciaux et intéressant d'une manière plus directe telle ou telle nation européenne dans son avenir commercial et maritime.

On lisait ces jours-ci dans l'un des plus importants journaux phocéens :

« La Chambre de commerce a saisi les Conseils généraux d'une question importante au sujet de la décadence dont Marseille est menacée par suite de l'ouverture du canal de Suez. Il résulte du mémoire de la Chambre de Marseille que déjà Gênes et Trieste ont accaparé une grande partie du transit qui s'effectuait jusque-là par notre grande métropole commerciale de la Méditerranée, et que ces tendances du commerce à délaisser Marseille, au profit des deux ports rivaux, s'accentue de plus en plus, par suite de la cherté des transports par la voie ferrée.

» La Chambre de commerce recourt à l'intervention des assemblées départementales, pour demander que les compagnies de chemins de fer abaissent leurs tarifs pour mettre nos expéditions sur le pied d'égalité avec les étrangers. Le mémoire des organes officiels du commerce de notre cité s'appuie sur ce que l'abaissement des tarifs de chemin de fer a été proclamé dans le programme impérial de 1861. »

Eh bien ! posons immédiatement la question telle qu'elle nous apparaît et que nous aurons à la développer.

Le titre de Reine de la Méditerranée va échapper à Marseille, non pas pour être accaparé par Trieste ou par Brindisi, mais pour devenir la propriété magnifique de la cité future que les événements construisent à Port-Saïd.

Après l'isthme lui-même, les trois centres maritimes et commerciaux qui ont le plus à gagner par l'exploitation du canal de Suez, sont Brindisi, Trieste et Cette.

Quant à ce dernier port, notre affirmation peut sembler étrange. Nous espérons prouver d'une manière irréfutable combien nous sommes dans le vrai. Faisons seulement observer ici que nous entendons par Cette, non-seulement les magnifiques créations accomplies aux pieds du mont Saint-Clair, mais aussi tout l'étang de Thau, Balaruc, Mèze, Marseillan et Agde.

Toute cette région forme en réalité un seul point maritime et commercial que l'avenir se chargera, par la force des choses, de relier et de fusionner ensemble. Lorsque les mesquines et pitoyables rivalités de clocher auront fait place dans l'Hérault à une véritable compréhension des lois du progrès moderne, nulle contrée française ne dépassera les fécondes provinces que baigne le golfe de Lyon, en prospérité financière, en activité commerciale, en entreprises industrielles, en développement profond et continu.

Mais le moment n'est pas venu, dans cette étude, d'entreprendre un pareil ordre de considérations sur le Bas-Languedoc.

Il est indispensable de calculer d'abord l'importance que va prendre Port-Saïd.

Lorsque le canal de Suez sera complètement livré à la

navigation, une multitude de maisons de commerce vont se fonder à l'entrée du nouveau Bosphore, dans un double but : 1° Celui de profiter des bénéfices sur place qu'amènera l'affluence des navires, des passagers, des marchandises et des colons appelés par l'espoir de la fortune à s'établir dans l'isthme ; 2° Celui de spéculer sur les avantages incalculables que Suez va offrir comme point géographique de transit et d'entrepôt.

Le premier des deux buts est relativement secondaire ; l'autre dépasse en résultats fabuleux tout ce que l'on peut imaginer.

Placée à Port-Saïd, une maison de commerce rayonnera sur l'Indo-Chine, l'Hindoustan, l'Australie, la côte orientale d'Afrique, les terres de la mer Rouge, les côtes de la Syrie et de l'Asie-Mineure, la mer de Marmara, la mer Noire, tout le bassin de la Méditerranée, l'Europe entière, l'Afrique septentrionale et l'Amérique du Nord !

Placé comme au centre d'une vaste roue, Port-Saïd dominera sur l'univers civilisé par la force de sa situation commerciale.

Marseille, Trieste et Brindisi ne seront que des villes d'entrepôt de second ordre.

Le grand entrepôt des deux mondes sera fondé à l'isthme de Suez.

De là, un négociant pourra, au moyen du télégraphe électrique, interroger à chaque minute les pulsations du monde commercial dans les deux hémisphères. Sans la moindre perte de temps, sans le moindre double emploi dans le transport des marchandises, sans transbordements trop répétés, il pourra disséminer les produits indiens dans tous les ports de la Méditerranée, et ceux de l'Europe parmi les peuples et les colonies des mers asiatiques et tropicales.

Supposons une cargaison venant de Bombay, à la consignation d'un négociant de Marseille; admettons que cette marchandise soit emmagasinée dans les docks phocéens : le spéculateur pourra-t-il songer à réexpédier, à vendre le chargement ailleurs que dans une zone relativement très-restreinte, dans d'autres régions que la France et le nord-ouest de l'Europe ?

Non, sans aucun doute.

Soit *A* une marchandise quelconque arrivée des Indes à Marseille, soit *B* la même espèce de marchandise entreposée à Port-Saïd.... Supposons qu'une hausse sur cette marchandise se fasse sentir à Trieste et dans l'est de l'Allemagne :... le négociant marseillais pourra-t-il lutter une seule minute contre le négociant de Suez ?

A doit refaire par mer une grande partie de la même route déjà suivie pour aller de Port-Saïd à Marseille, ou bien subir un excédant kilométrique par les chemins de fer de la Suisse, de l'Allemagne méridionale ou de la Haute-Italie.

La lutte est impossible !

Le même raisonnement que nous venons d'appliquer à Marseille, comme exemple, on peut l'appliquer à Trieste avec la même rigueur et à Brindisi avec beaucoup plus de latitude, par ce seul fait que Brindisi se trouve beaucoup plus que Marseille et Trieste dans la ligne moyenne de la route générale, terrestre et maritime, qui reliera l'Europe de l'ouest et du centre à l'isthme de Suez.

Prenons, comme autre exemple de notre démonstration, un point extrême : New-York.

Quel intérêt peuvent avoir les États-Unis à faire entreposer les produits indiens à Marseille ou à Trieste ?

Aucun, car il faudrait ajouter à la route directe entre le canal de Suez et l'Amérique l'énorme angle de route qui se forme, dans les données du problème, depuis les eaux siciliennes jusqu'à Marseille et de Marseille jusqu'à Gibraltar.

Ainsi, la vraie position du grand commerce futur se fixera, par la force des choses, à Port-Saïd, très-peu à Brindisi, nullement à Trieste ni à Marseille.

Mais ce n'est là qu'une des faces du problème commercial que nous agitons.

Port-Saïd dominera tous les autres ports méditerranéens, par des motifs bien plus graves encore que ceux de nos précédentes remarques.

Nous entrons ici en pleine économie politique.

La question devient immense !

Avant de l'examiner dans un prochain paragraphe, affirmons avec l'énergie d'une conviction profonde que si Bombay, suivant les termes déjà cités d'une importante feuille de l'Inde anglaise, est appelée à devenir la New-York de l'Orient, Port-Saïd se dressera un jour comme la capitale maritime et commerciale du monde entier.

IX

Si l'on avait un titre à fixer sur la tête de ce paragraphe, on pourrait l'appeler : *la peine du talion.*

Marseille est en effet condamnée, au profit de Brindisi et de Trieste, par les mêmes lois qui ont fait la prospérité de la ville phocéenne.

Un rapide coup d'œil historique sera plus intéressant qu'une démonstration abstraite, et remplira le même but.

Le voyage des Indes se faisait autrefois par le cap de Bonne-Espérance. *Chacun sait ça,* aussi bien dans les choses de marine et de géographie que dans *le Chalet.*

Quels étaient les ports de destination vers lesquels devaient se diriger les navires chargés des produits de l'Hindoustan ?

En quel endroit les cargaisons indiennes pouvaient-elles être débarquées ?

Sur la côte océanique de France, à Nantes et à Bordeaux; dans la Méditerranée, à Marseille; dans les mers septentrionales, au sein des villes anséatiques.

Mais les chemins de fer n'existaient pas et le système des canaux se trouvait dans un état trop primitif.

Avant l'œuvre de Riquet, Bordeaux ne rayonnait que dans le bassin de la Garonne et de la Dordogne.

Nantes commandait aux plaines de la Loire.

Marseille remontait le Rhône jusqu'à Lyon, et la Sâone jusqu'à Châlons. Elle alimentait avec beaucoup de peine les vallées de la Seine, la Lorraine, l'Alsace et la Suisse.

Le grand marché des produits indiens se trouvait au sein des cités dont les fleuves se jettent dans la mer du Nord.

Par là s'explique la magnifique prospérité des Flandres et de la Hollande.

Tandis que Marseille essayait vainement de transporter ses marchandises dans l'Europe centrale, on voyait Anvers, Amsterdam et Rotterdam profiter de la Moselle, de la Meuse et du Rhin pour répandre les marchandises indiennes dans la Confédération germanique et le Nord français.

Tel fut l'état des choses jusqu'au xix° siècle ; mais le perfectionnement des routes terrestres, des canaux et (plus tard) des chemins de fer, permit à Marseille de lutter avec avantage contre les ports du nord-ouest de l'Europe.

Ainsi la cité phocéenne a dû ses succès aux mêmes lois qui feront la fortune de Trieste et surtout de Brindisi.

Ces deux dernières villes devront à leur situation topographique la prospérité que Marseille conquit, par les mêmes moyens, sur Bordeaux, Nantes, Anvers, Amsterdam, Rotterdam, etc.

Donc elle doit se résigner, comme ses anciennes rivales, à ne plus conserver qu'une partie des avantages qu'elle possède encore.

Ainsi l'exige le progrès. Les nations ne peuvent songer à des succès en quelque sorte égoïstes. Les peuples sont devenus solidaires.

Marseille tend à décroître en un certain sens. Trieste et Brindisi montent. Port-Saïd se prépare.

Les villes de l'isthme de Suez arracheront aux cités de l'Adriatique et de la mer d'Otrante le sceptre commercial que la colonie phocéenne laisse échapper aujourd'hui, malgré elle.

Un jour viendra même qui éclairera la destruction des prospérités de Port-Saïd pour briller sur le triomphe des villes indiennes. Mais ce sont là des considérations dépassant les faits actuels en un point qu'il serait prématuré d'étudier.

Laissons marcher le progrès.

Ayons foi dans les découvertes de la science,..... et

nos descendants contempleront des merveilles que nous pouvons à peine pressentir.

Il nous reste, avant tous autres développements, à expliquer quel est le motif ayant détaché l'Italie de la prépondérance qu'exerçait le commerce français.

Cette cause est toute politique et tombe sous la responsabilité du gouvernement impérial.

X

La guerre d'Italie a été l'une des plus grande fautes du second empire..... Nous laissons de côté les considérations politiques, pour nous renfermer dans la question commerciale.

Les journées de Magenta et de Solférino, glorieuses pour nos armes, ont ruiné les exportations françaises dans la péninsule.

Lorsque l'Italie était divisée en États indépendants, les combinaisons douanières étaient l'une des principales causes de nos succès sur le marché italien.

Les vins du Bas-Languedoc, par exemple, trouvaient de faciles débouchés dans la rivière de Gênes et en Toscane, parce que les vins de Sicile n'entraient dans la Haute-Italie et dans l'Italie moyenne que grevés de droits considérables.

L'unité gouvernementale a détruit cet ordre de choses si favorable aux transactions françaises. Les tartanes et les goëlettes battant le pavillon révolutionnaire de Victor-Emmanuel, ne viennent chercher qu'un excédant vinicole sur les côtes de la Provence et du Bas-Languedoc. Les grands marchés d'approvisionnement se trouvent dans l'ancienne Trinacria et dans l'Espagne.

Ainsi nos vins ont une concurrence de plus à soutenir depuis la guerre de 1859.

Avant les œuvres ténébreuses de M. de Cavour, Gênes trouvait son essor commercial arrêté par les douanes autrichiennes de la Lombardie, les barrières des duchés de Parme et de Modène, les obstacles que la fiscalité dressait aux frontières de la Toscane.

Toutes ces difficultés ayant été anéanties avec la défaite des bataillons tudesques, *Gênes la Superbe* tend à reconquérir son ancienne splendeur.

Marseille est trop près d'elle, pour que la cité phocéenne puisse lutter avec avantage sur le marché italien. Désormais la péninsule nous échappe, non pas seulement pour les produits indiens débarqués à Brindisi, mais, de plus, pour les marchandises de l'Amérique, de l'Afrique occidentale et de l'Espagne, que les négociants gênois ont avantage à recevoir directement des lieux de production, sans avoir recours à l'intermédiaire des entrepôts marseillais.

Ainsi, la guerre d'Italie ne s'est pas bornée à nous créer d'innombrables difficultés politiques, en rendant possible l'œuvre de M. de Bismark et la journée de Sadowa; elle n'a pas été satisfaite de mettre le pouvoir temporel des Papes dans une position chancelante ; elle a aussi sacrifié (involontairement, nous voulons le croire) la marine, l'industrie et le commerce français, en privant notre activité nationale d'un grand marché d'exportation.

Marseille possède donc un double grief contre l'Italie :

l'un qui provient des résultats prochains du canal de Suez ;
l'autre qui ressort des conséquences amenées par la mala-
droite politique du gouvernement autoritaire.

Gênes et Brindisi attaquent par deux moyens différents
la prospérité phocéenne, et, par résultante indirecte,
l'essor du Bas-Languedoc.

Existe-t-il des remèdes à une si déplorable situation ?

Oui, si l'on transforme complètement le système politique de la France, si les villes de notre golfe et des côtes
provençales transforment en outre leur caractère essen-
tiellement commercial en entreprises industrielles.

Dans l'hypothèse contraire, nous devons nous résigner
à une décadence pitoyable.

Mais le Bas-Languedoc a plus de chances favorables
que Marseille pour combattre la concurrence étrangère.

XI

La décadence phocéenne est l'un des signes du temps.

La plupart des ports maritimes d'Europe penchent vers
leur ruine commerciale, grâce aux nouveaux us et cou-
tumes dans le monde des affaires.

Ce qui faisait la prospérité des ports de mer en général
et de Marseille en particulier, c'était la navigation à
voiles.

Du moment que les grandes Compagnies de paquebots
sont venues remplacer l'ancien mode de transport, on doit

s'attendre à une diminution sans cesse croissante dans l'activité commerciale de nos centres maritimes.

Prenons un exemple dans le Bas-Languedoc :

Le petit cabotage à voiles entre Marseille et les ports du golfe a été *anéanti* par les bateaux à vapeur : premier fait irréfragable.

Aujourd'hui, que se passe-t-il à Cette ?

Les marchandises arrivées par les paquebots qui viennent s'amarrer aux pieds du mont-Saint-Clair, ne laissent aux consignataires que les marchandises destinées aux pays voisins de l'étang de Thau. Tous les colis à destination de l'intérieur de notre département, des Cévennes et du Haut-Languedoc, sont transportés par les entreprises de camionnage à la gare, afin que les railways les portent à destination.

Donc, plus d'entrepôt ! anéantissement de ce commerce de transit qui a fait jadis la fortune d'Agde et qui échappe chaque jour à Cette !

Mais la révolution commerciale est plus profonde encore !

Par le nouveau canal maritime (de Cette), la darse du canal de la Peyrade, le prolongement du canal maritime et le canal latéral, — les navires tendent à se rendre dans le bassin de la Compagnie du Midi.

Quelle sera la conséquence inévitable de cet état de choses ?

C'est que les paquebots et les navires à voiles finiront par laisser de côté le nouveau bassin, l'ancien bassin, le chenal et le canal, pour débarquer leurs cargaisons sur les quais du chemin de fer, en sorte que le commerce local perdra tout à fait, non-seulement les emmagasi-

nages et les bénéfices de l'entrepôt, mais aussi le camionnage qui alimente et entretient un certain nombre
de travailleurs.

Mais que l'on comprenne bien notre démonstration !

Nous ne prétendons pas que les négociants de Cette
n'aient pas un mouvement considérable de marchandises
à opérer au moyen des navires amarrés à quelques pas de
leurs magasins ; toutefois ce genre d'opération tendra de
plus en plus à se borner à l'industrie locale, c'est-à-dire,
prise dans sa branche la plus considérable, au débarque-
ment et à l'embarquement des vins et spiritueux.

Quant au commerce général, au commerce de toutes
marchandises qui viennent de divers points de la Méditerranée pour prendre à Cette la voie de terre, afin
d'arriver à la destination du sud, de l'ouest et du centre
français ; tout ce commerce, disons-nous, tend à s'annihiler.

Cet exemple tiré du Bas-Languedoc fera comprendre
d'un seul trait la situation de Marseille.

Toute personne qui a visité l'ancienne colonie phocéenne a dù être frappée des constructions babyloniennes
qui, sous le nom de docks ou d'entrepôts, tendent à
concentrer le mouvement et l'emmagasinage des marchandises au-delà du bassin de la Joliette, plus loin que
la rue Impériale, aux abords du bassin Napoléon.

Ainsi, les faits qui n'apparaissent encore qu'en germe
à Cette, menacent déjà Marseille d'une façon sérieusé.

O pitoyable aveuglement de la municipalité marseillaise
et des administrateurs du département des Bouches-du-
Rhône ! l'on a percé cette immense rue Impériale qui
devait être « la grande artère » de la nouvelle Phocée ;...

et voilà que cette sorte de boulevard reste morne, triste, louant à grand'peine ses maisons, ne se mêlant à l'activité du grand centre provençal qu'aux abords de la Cannebière et du vieux port.

On a fait des préparatifs superbes, afin de n'être pas pris au dépourvu par l'inauguration du canal de Suez :... Trieste et Brindisi détournent le courant commercial.

On a créé des docks, des entrepôts monstrueux, et l'activité disparaît de plus en plus de la ville, pour se monopoliser dans les mains d'une puissante compagnie.

Quelle est la principale ressource du commerce phocéen ? c'est la multitude de navires à voiles qui, par les diverses combinaisons des affrétements, des réparations, des approvisionnements, etc., etc., font vivre un très-grand nombre de familles, depuis le plus riche négociant jusqu'au plus humble travailleur, et répandent le mouvement, la vie, la prospérité, le bien-être et la joie dans Marseille !

Or, la navigation à voiles s'efface chaque jour devant la navigation à vapeur. Nous l'avons déjà dit, il est même inutile de le répéter, car c'est là un fait si incontestable et si connu dans le monde commercial et maritime, qu'une démonstration serait superflue.

Donc, plus de navigation à voiles, plus d'entrepôt, plus de *commerce local* pour les ports de mer.

Les navires arriveront, entreront dans les bassins des docks, viendront *accoster* le long des quais, verseront directement les marchandises dans les wagons ;.... et, pour nous servir d'une expression triviale, mais énergique, les cargaisons passeront littéralement *sous le nez* des habitants de Marseille et de la plupart des autres ports.

Mais il existe heureusement des remèdes et des palliatifs pour combattre la décadence dont est menacée l'organisation actuelle du commerce maritime.

Nous avons déjà prétendu que Cette se trouvait, en face de l'avenir, dans de meilleures conditions que l'ancienne Phocée. Nous essaierons de le démontrer bientôt.

Il était utile néanmoins d'examiner pourquoi la ville de Marseille doit la stagnation périodique et l'activité intermittente, mais maladive, de ses affaires, à des causes qui sont en quelque sorte étrangères à l'isthme de Suez, en ce sens que, l'œuvre de M. de Lesseps n'existant pas, le commerce phocéen aurait encore à subir les conséquences particulières de la guerre d'Italie, qui lui ont fait perdre le marché péninsulaire, — et les résultats généraux de la présente révolution maritime et commerciale, qui enlève la plus belle perle de cette couronne opulente dont la reine de la Méditerranée, près de céder son sceptre à Port-Saïd, aime encore à parer son front majestueux.

XII

Ainsi qu'on a pu s'en apercevoir, nous aimons à remplacer les définitions abstraites d'économie politique par des exemples pris dans les faits contemporains.

Au moyen de cet ordre d'idées, nous sommes conduit à nous occuper d'Agde, comme exemple des villes de pur commerce et d'entrepôt qui sont destinées à une décadence rapide, si elles ne transforment pas leur négoce en industrie.

La cité de *la bonne fortune* pourra servir d'enseignement à Cette et surtout à Marseille.

Nous sommes obligé de répéter ici une déclaration que nous avons déjà faite : c'est que nous ne penchons spécialement vers aucune des villes du Bas-Languedoc, car nous croyons que les véritables intérêts de ces contrées se trouvent dans la fusion des intérêts locaux en un seul groupe puissant. Du reste, nous ne nous faisons aucune illusion sur les rivalités puériles qui divisent les divers centres du département de l'Hérault; nul n'ignore moins que nous les niaiseries de clocher qui mettent en état d'hostilité perpétuelle les classes illettrées de chacune des villes avec les autres cités de la région.

La diffusion des lumières aidant, le Bas-Languedoc formera bientôt une masse homogène, car elle sera cimentée par quelque chose de plus fort que les théories, aux yeux des hommes vulgaires, c'est-à-dire par l'intérêt matériel.

Agde était autrefois la tête de ligne naturelle du canal du Midi. A ce titre, le commerce de transit et d'entrepôt y florissait à un degré remarquable ; mais les railways de MM. Pereire venant à traverser cette existence prospère, l'ancienne colonie phocéenne de la Septimanie a perdu tout à coup sa prospérité.

S'il y avait eu alors à la tête du département de l'Hérault et de la commune d'Agde des hommes d'une véritable intelligence et d'un savoir authentique, ils auraient cherché à transformer la commune et le port d'Agde en centre industriel.

La chose était très-aisée, en ce sens que les flots de

l'ancienne Arauris offrent cent endroits propices pour l'installation des usines et des manufactures.

Le voisinage des mines de Graissessac permettait aussi d'utiliser la vapeur pour la fondation de vastes établissements industriels.

Ainsi, nul territoire n'a été mieux doté par la nature, pour arriver à cette fortune que des contrées bien moins favorisées ont su conquérir.

Port maritime, beau fleuve, proximité des houillères, canaux navigables : la Providence avait tout fait pour Agde;..... mais ses administrateurs n'ont pas su comprendre qu'il fallait la transformer en centre industriel, ... et tout a été perdu.

Quelle a donc été la faute primordiale des défenseurs donnés pàr la nature des choses aux intérêts agathois ?

On ne peut le nier, c'est l'ineptie déplorable du *tracé par la plage*, œuvre d'inintelligence à laquelle M. Coste-Floret a malheureusement attaché son nom et porté l'aide de tous ses efforts.

Par la ligne actuelle, Agde se trouve ayant d'un côté Béziers, c'est-à-dire un centre d'industrie vinicole qui anéantit tout espoir de développement, et de l'autre côté Cette, c'est-à-dire un autre centre d'industrie vinicole qui broye toute espérance de prospérité.

Aberration profonde !

Il fallait tourner la grande artère des chemins du Midi vers les régions vinicoles, c'est-à-dire vers Florensac, Marseillan, Pomérols, Mèze et la route de Montpellier par Gigean.

Il fallait diriger les railways dans un sens qui permît aux communes productrices du vin d'envoyer leurs produits aux navires et aux maisons de commerce d'Agde.

Il fallait, en un mot, faire diamétralement le contraire de ce qui a été accompli !

Quelle a donc été la conséquence de cette mesquinerie de vues, de ce manque d'entente, au sujet des vrais intérêts agathois ?

C'est que la construction et l'armement des navires a absorbé tous les capitaux, toute l'activité, tout le développement de la chère et malheureuse cité assise sur les rives de l'Hérault ; c'est que le commerce s'étant anéanti sans céder la place à des industries productives, la ville bâtie sur des bases dernières du mont Saint-Loup se précipite vers une complète décadence.

Ainsi donc, le fait brille ici plus radieux que le soleil: il faut que l'industrie locale remplace dans les anciens centres de commerce, de transit et d'entrepôt, une activité à jamais disparue.

Cette démonstration s'applique, pour qui sait le voir, aussi bien à Marseille et à Cette qu'aux vieux remparts bâtis sur les bords de l'Hérault.

Par une loi formidable et irrésistible d'économie sociale, les villes purement commerciales et maritimes tendent à voir leur importance s'annihiler.

L'industrie doit remplacer le commerce.

Or, ce sont là des considérations qui s'appliquent directement aux conséquences de l'œuvre que M. de Lesseps va livrer à la civilisation de la vieille Europe et des États-Unis.

Nous n'allons pas tarder à préciser dans leur ensemble les mesures que le Bas-Languedoc en entier doit prendre.

XIII

Plusieurs points capitaux d'économie politique ressortent des exemples que nous avons mis sous les regards des hommes sérieux et intéressés à la résolution des problèmes que crée le canal de Suez:

1° Par suite de l'application de la vapeur au transport des marchandises, soit par voie de terre, soit par voie de mer, — les villes d'entrepôt et de transit tendent à s'annihiler ;

2° La seule ressource des villes purement commerciales et maritimes, c'est de se transformer en centres industriels ;

3° Marseille, Trieste et Brindisi, au point de vue de leurs intérêts locaux, retireront beaucoup moins d'avantages qu'on ne le suppose du travail accompli par M. de Lesseps;

4° La seule grande cité commerciale que les événements rendent possible, c'est Port-Saïd ;

5° La tendance fondamentale des affaires arrive de plus en plus à supprimer les intermédiaires entre le lieu de production et celui de consommation.

Vainement s'efforcerait-on d'opposer la navigation intérieure par les canaux et les fleuves, au transport par les chemins de fer. On peut trouver par ce moyen un bon palliatif, mais non pas un véritable remède : la phthisie commerciale de nos villes maritimes pourra être ainsi soulagée, mais non pas guérie.

Un esprit très-compétent et très-judicieux, M. J. Bourgeois, examinait, il y a quelques jours, *la navigation intérieure,* dans la *Gazette de France.*

Nous ne partageons qu'en un certain nombre de points les opinions de l'excellent publiciste sur cette matière, mais nous croyons nécessaire de mentionner sa manière de voir :

« Jusqu'à ce jour, le port de Marseille a bénéficié d'une situation en quelque sorte privilégiée : seul, en effet, il avait des communications directes et faciles avec l'intérieur des terres. Pendant que les autres villes maritimes étaient séparées du reste de l'Europe par une barrière de montagnes infranchissables, les vallées du Rhône et de la Saône permettaient aux marchandises de tourner le massif des Alpes pour pénétrer, soit en Suisse, soit dans la vallée du Rhin, c'est-à-dire au cœur même de l'Allemagne. Mais aujourd'hui les chemins de fer gravissent les montagnes les plus élevées ; Trieste, Brindisi, Gênes se sont pour ainsi dire rapprochés des centres de consommation, et Marseille rencontre presque partout de redoutables concurrences.

» Ce sont là les conséquences du changement qui s'est accompli dans le système des voies de communication. Mais les résultats de cette grande révolution n'ont pas tous la même importance : quelques-uns sont irrévocables ; mais il en est d'autres aussi qu'il est possible d'atténuer ou de prévenir. Sans doute il serait insensé de prétendre ravir à Trieste l'approvisionnement des contrées avec lesquelles ce port est en relation directe ; il faut nous résigner aussi à voir Brindisi nous enlever une partie des voyageurs et des marchandises de haut prix qui circulent entre l'Europe et l'Orient ; Gênes, enfin, luttera de plus en plus avec nous sur les marchés de la Suisse et de la Haute-Italie. Mais là se borneront, si nous le voulons, les sacrifices qu'il nous faudra consentir : nous pouvons, au prix de quelques efforts, conserver l'approvisionnement d'une partie de la Suisse, de la région du Rhin, et de plusieurs des États de l'Europe septentrionale.

»La solution du problème ne consiste pas, comme on semble trop généralement le supposer, dans un large abaissement des tarifs des chemins de fer; cet abaissement dans le prix des transports est d'une nécessité incontestable, et il est permis d'espérer que l'avenir satisfera sur ce point le vœu public ; mais ne nous faisons pas d'illusion, les compagnies ne consentiront pas facilement une réduction considérable, qui diminuerait leurs recettes et ferait baisser la valeur des actions.

»En second lieu, et c'est là, selon nous, la considération la plus grave, rien n'empêche les chemins étrangers de nous suivre dans cette voie; les tarifs des lignes allemandes sont déjà beaucoup moins élevés que les nôtres ; aidées des subventions que les gouvernements s'empresseront de leur fournir, s'il en est besoin, elles pourront toujours les abaisser de manière à offrir des prix plus avantageux que les chemins de fer français. Rien ne serait changé à la situation respective des concurrents.

»Ce qui nous permettra de lutter avec succès contre ceux de nos adversaires avec lesquels la lutte est possible, et de donner même un nouvel essor à notre commerce, c'est l'admirable système de voies navigables dont la France est en possession exclusive.

»Seul, en effet, de toutes les contrées de l'Europe, notre pays communique par un grand fleuve avec la Méditerranée ; le Danube, le seul grand cours d'eau de l'Europe méridionale, coule parallèlement à la mer, dont il est d'ailleurs séparé par une série de chaînes de montagnes : aussi, dans l'état actuel du monde, n'établit-il aucun lien entre l'Allemagne et l'extrême Orient ; il n'en est pas de même du Rhône et de la Saône, voie de commerce véritablement précieuse, qui, de la Méditerranée à Châlons, Saint-Jean-de-Losne et Gray, pénètre à 550 kilomètres dans l'intérieur des terres.

»A ce point, au centre des montagnes de la Bourgogne, s'opère la jonction du bassin du Rhône avec les autres fleuves de

France. De Châlons, par le canal du Centre, qui rejoint la Loire à Digoin et ouvre une issue aux marchandises, soit vers l'Ouest, soit vers Paris, par le canal de Briare; à Saint-Jean-de-Losne s'ouvre le canal de Bourgogne, qui met la Saône en communication avec l'Yonne et la Seine; à quelques lieues de Saint-Jean-de-Losne, à Saint-Symphorien, commence le canal de l'Est, qui remonte à la vallée du Doubs, pénètre en Alsace et rejoint le Rhin à Strasbourg. Ainsi, les voies navigables s'étendent sans interruption de la Méditerranée aux diverses extrémités du pays, et, soit par le Rhin, soit par les canaux du Nord, elles se prolongent jusqu'en Belgique, en Allemagne et en Hollande. C'est cet admirable réseau, dû en partie à la nature, en partie à nos anciens gouvernements, qui a maintenu pendant tant d'années notre activité commerciale.

» La construction des chemins de fer a porté, comme on sait, un coup funeste à la navigation. Les voies ferrées ont sur la navigation un avantage incontestable : la rapidité ; mais, en revanche, les transports y sont beaucoup plus coûteux ; la moyenne des prix, si l'on fait entrer toutes les natures de marchandises en ligne de compte, est à peu près de cinq centimes par tonne et par kilomètre sur les chemins de fer ; la batellerie ne demande en moyenne qu'un centime ou un centime et demi ; la différence est d'environ les deux tiers. Le public toutefois, cédant à un engouement irréfléchi, n'en a pas moins accordé dès le début toute sa faveur aux chemins de fer. Sous l'empire de ce sentiment, des publicistes imprévoyants ont affirmé que la navigation intérieure n'avait plus de raison d'être : on est allé jusqu'à proposer, en France et en Angleterre, de combler les canaux et d'en faire des chaussées pour les railways.

» Les compagnies de chemins de fer, profitant à leur tour de ce déplorable entraînement, ont imaginé les tarifs par zones, les tarifs différentiels, et toutes ces combinaisons habiles à l'aide desquelles la lutte est devenue impossible à la navigation. La réaction n'a pas tardé à se faire dans les esprits; mais, en quelques années, le mal avait fait des progrès.

»L'administration, loin de chercher à rendre la concurrence facile, semblait, au contraire, accorder toute sa faveur aux chemins de fer. Pendant que les grandes compagnies recevaient de l'État des subventions dont le total s'élève à un milliard ou des garanties d'intérêt, les rivières et les canaux semblaient complètement négligés; la navigation était abandonnée à elle-même sans qu'on tînt compte de ses réclamations; on se bornait à inscrire, chaque année, des allocations insuffisantes au budget des travaux publics: encore ces allocations, au lieu d'être consacrées à des travaux d'ensemble, par exemple à l'achèvement des deux grandes lignes du Hâvre à l'embouchure du Rhône et de Strasbourg à Nantes, étaient-elles dépensées en travaux partiels, souvent même employées à des essais restés sans résultat.

»Aussi, de toutes parts s'élèvent les mêmes plaintes. »

Il est évident que M. J. Bourgeois, en s'occupant avec beaucoup d'esprit de l'influence des voies navigables sur les modes de transport, n'a pas assez observé la révolution commerciale qui est particulière aux villes de transit et d'entrepôt. Ce sont là d'ailleurs quelques problèmes sur lesquels nous allons définitivement conclure, d'après notre manière de voir, avant de passer outre.

XIV

Les qualités principales que demande le commerce contemporain au transport des marchandises, c'est la précision et la rapidité.

Le bon marché compte pour beaucoup dans le calcul des négociants, mais n'arrive qu'en seconde ligne et en valeur proportionnelle.

Par là s'expliquent le délaissement des voies navigables et le succès croissant des chemins de fer.

Les compagnies de railways ne font pas encore tout ce que l'on serait en droit d'exiger d'elles, parce qu'elles forment des monopoles et ne se perfectionnent pas au moyen de la concurrence.

Mais si les choses marchaient comme on est en droit de le désirer, il est incontestable que, pour la rapidité du transport, les chemins de fer seraient au moins à la navigation comme 7 est à 1.

Dans de pareils termes, toute lutte est impossible contre les voies ferrées.

Prenons, comme exemple, un point expéditeur quelconque du Midi et un lieu d'arrivée dans le Nord. Supposons qu'au moyen des canaux et des fleuves, les marchandises mettent vingt et un jours pour se rendre à destination : les railways n'emploieront que trois jours, d'après la proportion que nous avons indiquée tout à l'heure.

Or, quel est le négociant, le spéculateur, le commerçant qui pourra, s'il est intelligent, consentir à ne recevoir que dans 21 jours la marchandise qu'il peut emmagasiner dans 3, lorsque les 18 jours de différence laissent un laps de temps capable de changer plusieurs fois les conditions d'un marché, grâce au télégraphe électrique qui ne permet pas de spéculer sur la différence simultanée des cours entre le lieu de production et celui de consommation.

Aujourd'hui les spéculateurs opèrent, non pas sur la différence locale des cours, mais sur les écarts qu'une même marchandise financière ou commerciale supporte sur le même marché.

C'est là un fait incontestable qui renferme toute la question.

Au point de vue de la précision, quelle est la concurrence possible entre les chemins de fer et les canaux ?

Aucune.

Les wagons partent et arrivent à heure fixe, tandis que les barques sont assujéties à une multitude d'accidents qu'il convient de préciser en quelques points principaux :

1° D'abord le *curage* des canaux, qui suspend brusquement tout moyen de locomotion ;

2° Les fortes chaleurs, qui empêchent, par la sécheresse, de profiter des fleuves et des rivières dans la plupart des cas ;

3° Les grands froids, qui gèlent les cours d'eau et empêchent de naviguer ;

4° Les temps de pluie, qui, par les débordements et les inondations, arrêtent les barques aux passages de la plupart des rivières.

A ces obstacles, tirés de la nature, on doit joindre l'extrême mobilité des *prix de transport*.

Ainsi, au point de vue de la rapidité et de la précision, le mouvement par barque ne peut pas lutter avec celui des chemins de fer.

Mais il y a une cause encore plus forte à l'abandon de nos voies navigables;

La voici :

Les facilités de transport par wagons ou au moyen des paquebots, sont toujours supérieures aux besoins du commerce, sauf dans quelques cas très-exceptionnels de disette et de spéculation.

Ainsi, par exemple, les vapeurs qui desservent la côte occidentale d'Italie sont obligés de revenir très-souvent avec un simple lest de marchandises.

Les chemins de fer peuvent, eu augmentant le nombre des trains et la quantité des wagons, suffire largement à toutes les demandes.

Grâce à la rapidité des transports, la vapeur domine la production; ce seul fait est suffisant pour condamner le développement du transit par les voies navigables.

Donc, il est superflu de vouloir lutter contre le moteur gigantesque que l'on retire des houillères.

La question du bon marché n'entre qu'en ligne secondaire, d'après les considérations que nous venons d'émettre, car il est clair que les Compagnies de chemins de fer et de paquebots tiennent leurs tarifs *au plus haut prix possible, pourvu que l'écart avec les prix de transport par les barques ne soit pas assez fort pour annihiler les avantages que le commerce retire de la précision et de la rapidité*.

Ainsi, la vapeur joue un peu avec le halage par les canaux et avec la navigation à voiles sur mer, comme le chat avec la souris.

Conséquence générale : Marseille ne peut songer à lutter avec Trieste et Brindisi au seul moyen de l'abaissement dans les prix de transport, ni par le perfectionnement des voies navigables.

Il y a des conditions de rapidité et de précision qui donnent un avantage énorme à Trieste et à Brindisi, suivant les lieux de consommation des marchandises.

Sauf une partie de la France et de la vallée du Rhin, la voie phocéenne n'est plus appelée à alimenter l'Europe avec les produits indiens qui arrivent par l'isthme de Suez.

Il convient donc d'indiquer à la hâte les seules ressources qui restent aux côtes de Provence et du Bas-Languedoc pour lutter contre la concurrence étrangère.

C'est là ce que nous allons examiner.

XV

D'après la notable quantité de remarques, de considérations et d'exemples auxquels nous nous sommes livré, nous posons comme un principe irréfragable que les places commerciales et maritimes doivent déployer les plus énergiques efforts pour augmenter sans cesse leur rôle industriel.

Est-ce impossible ?

Nous ne le pensons pas.

Quels sont les éléments généraux de l'industrie marseillaise ?

Les savonneries d'abord ; puis on peut indiquer : « bonneterie, calottes façon Tunis, chapeaux, maroquin, céruse, soufre, bougies, raffineries, teinturerie, verrerie, etc. »

Placée entre les régions vinicoles de la Provence et du Bas-Languedoc, la cité phocéenne ne s'occupe des vins que d'une façon très-secondaire et purement commerciale, ce qui est tout à fait différent des ressources que l'activité des départements de l'Hérault, du Gard, de l'Aude et des Pyrénées-Orientales peut tirer des vignobles.

Les minoteries des Bouches-du-Rhône méritent d'être comptées, ainsi que diverses autres branches industrielles.

Mais arrivons tout de suite au problème fondamental qui résulte du canal de Suez.

On peut le résumer en cette proposition : Marseille doit s'efforcer de *fabriquer sur place* (autant que cela peut rentrer dans l'ordre du possible) les marchandises qui partent du port phocéen à destination des Indes, et celles qui arrivent de l'isthme de Suez dans la métropole que domine Notre-Dame de la Garde.

Par les démonstrations que nous avons déjà faites, l'on ne peut avoir le moindre doute que les villes de transit et d'entrepôt ne soient destinées à périr. Or, si les contrées productrices et les centres de consommation sont appelés à conserver seuls l'apanage des affaires et les ressources de la fortune, chaque région du globe doit chercher le maximum des produits qu'elle peut demander à son propre sòl et à l'intelligente industrie de ses habitants.

Nous regardons la vulgarisation de cette grande vérité comme si importante pour l'avenir de l'Europe, que nous n'avons pas craint de la répéter sous un grand nombre de formes diverses, afin de la graver profondément dans les esprits.

Or, nous appliquons aussi à Cette ce que nous venons de dire sur Marseille.

Mais comme, s'il y a des points nombreux de ressemblance, il en existe aussi d'opposition entre la ville phocéenne et le Bas-Languedoc, nous allons creuser d'une façon spéciale les mesures qui nous semblent indispensables, dans cette dernière contrée, pour se préparer à la lutte de Suez.

D'abord il faut que des lignes régulières de navigation à vapeur soient établies entre Cette et les Indes.

Il faut que l'*outillage* maritime du Bas-Languedoc soit développé, augmenté, perfectionné.

Il faut que le port de Cette soit *complété* par de grands travaux à l'étang de Thau et à Brescou.

Nous avons déjà dit que Cette, Agde et les autres villes du département de l'Hérault n'existent pas, dans notre manière de voir, comme centres isolés, mais qu'elles doivent former une synthèse puissante, une homogénéité indestructible : là est la grandeur ; là est le salut du Bas-Languedoc.

Passons.

L'étang de Thau doit devenir *le point de ralliement, l'objectif des créations maritimes.*

Il doit être pour notre région ce que la Provence voudrait faire de l'étang de Berre, et mieux encore !

La France doit procéder dans ses créations maritimes avec cette audace, cette puissance, cette énergie qui empêche les États-Unis de s'arrêter aux obstacles matériels.

Il faut creuser un large et profond chenal depuis la bordigue de Cette, à travers l'étang de Thau, jusqu'à la rade de Brescou.

Il est indispensable de bouleverser de fond en comble toutes les installations du *Chemin de fer du Midi* à Cette, de manière à ce que le grand chenal de l'étang puisse venir se relier aux bassins que protége le mont Saint-Clair.

Au besoin, l'on doit renoncer au trop célèbre *tracé*

par la plage et rejeter les railways de l'Ouest vers l'Est, de manière à ce que le chemin de fer contourne l'étang sur l'autre rive.

Dans cette hypothèse, le chemin de fer d'Agde à Montbazin n'aurait plus de raison d'être ; la grande artère du Midi passant par Marseillan, Mèze et Balaruc, pour aboutir à Cette, l'embranchement de Montbazin viendrait se joindre à Mèze à la grande voie ; Agde n'y perdrait rien, et Mèze y gagnerait beaucoup.

Le chenal de l'étang serait le premier travail maritime ; il se compléterait par un dragage intelligent destiné à transformer Thau en un immense bassin intérieur donnant aux navires le moyen d'aborder à Marseillan et à Mèze.

La rade de Brescou permettrait aux navires de s'aventurer sans dangers dans le golfe, et donnerait une solide prestance aux abords du Bas-Languedoc.

Ainsi, la ville de Cette aurait son importance maritime augmentée par les développements que nous venons d'indiquer. Il ne s'agit pas de mettre en rivalité mesquine Agde ou tout autre point. Non ; il faut comprendre que nous touchons à une heure suprème pour les intérêts maritimes de l'Hérault.

Ou nos villes maritimes uniront leurs intérêts pour donner une *tête de ligne*, sur la Méditerranée et vers Suez, au Bas-Languedoc ;

Ou nos villes maritimes disparaîtront toutes sous l'influence des chemins de fer et à cause du trop grand voisinage de Marseille.

Ce sont là d'ailleurs des considérations que nous avons encore à développer.

Nous allons maintenant continuer avec vigueur l'exa-

men des mesures industrielles et maritimes que Cette et
le Bas-Languedoc doivent prendre; mais que l'on ne s'é-
tonne pas de la hardiesse de nos conceptions :... si nous
n'avions qu'à répéter ici des idées banales, nous n'aurions
nul besoin de prendre la plume pour tracer quelques traits
de l'immense question qui nous occupe.

XVI

Il y a très-longtemps que nos convictions se trouvent
fixées sur le rôle que le Bas-Languedoc doit jouer, et sur
les dispositions énergiques qu'il lui est nécessaire de prendre, en vue de l'exploitation du canal de Suez.

Dans *l'Union Nationale* du 19 mai 1869, en pleine
bataille électorale, nous lancions une série d'interrogations
relatives à l'objet qui nous occupe. On pouvait supposer
alors que notre attaque n'était qu'une démonstration politique ayant pour but de combattre le candidat officiel de
la 4ᵉ circonscription de l'Hérault.

Notre pensée allait au-delà.

Voici d'ailleurs quelques passages de notre article de
cette époque ; il rentre en plein dans la question que nous
agitons aujourd'hui :

«Le maire d'Agde aspire à représenter une circonscription
que l'on pourrait appeler l'arrondissement maritime du département de l'Hérault.

» Dès-lors, nous avons un intérêt majeur à savoir quelle
ligne de conduite il tiendrait au Corps législatif, dans les
questions relatives à notre marine marchande.

»Deux systèmes sont aujourd'hui en présence : l'un est
l'erreur, l'autre la vérité.

»M. Coste-Floret est-il pour les subventions accordées aux grandes Compagnies de navigation à vapeur, ou pour la libre concurrence ?

»Est-il pour le droit ou pour le privilége ?

»Défend-il le monopole ou la liberté commerciale ?

»Secondera-t-il le gouvernement dans cette voie pleine de fautes, où l'on voit nos braves marins et nos armateurs sacrifiés, par erreur d'économie politique, aux capitalistes des Sociétés subventionnées ?

»On ignore généralement combien l'administration française a suivi l'école Saint-Simonienne dans certaines décisions pleines d'écueils.

»L'État est devenu le soutien de quelques grandes Compagnies maritimes qu'il est inutile de nommer.

»Il a aidé et il aide par ses subsides certaines gens à lutter dans l'arène commerciale contre d'autres capitalistes qui n'ont d'autres ressources que leurs revenus particuliers.

»Est-ce juste ? Cela ne renverse-t-il pas les meilleurs principes de l'économie sociale ?

. . . .

»M. Coste-Floret voterait-il contre le budget dans des questions de marine commerciale, si l'on n'abolit pas les priviléges des grandes Compagnies ?

»Présenterait-il des amendements dans le but que nous venons d'indiquer et les soutiendrait-il *sans les retirer*, malgré les paroles du ministre d'État ?

»En un mot, quelle serait sa manière d'agir s'il avait l'honneur de représenter la marine et le commerce de la 4ᵉ circonscription au Corps législatif ?»

Nos questions n'étaient posées que par un désir puissant de voir augmenter la prospérité du Bas-Languedoc, car l'avenir de ce pays est engagé dans la manière dont les intérêts de la région du Thau seront défendus auprès du gouvernement et en face du Corps législatif.

L'établissement d'un service régulier de paquebots entre Cette et les Indes devient indispensable par suite du travail de l'isthme.

Nous l'avons démontré sous tous les aspects.

Or, le plus grand obstacle à la fortune des Sociétés de navigation à vapeur qui se maintiennent par leurs seules ressources, c'est de se trouver en concurrence avec une Compagnie privilégiée, subventionnée et toute-puissante, telle en un mot que les *Messageries impériales.*

Ici les abus du système autoritaire éclatent avec une si forte évidence, qu'il faut être sourd pour ne point entendre, et aveugle pour ne point voir.

Au lieu de l'initiative individuelle, du *self government* appliqué aux affaires commerciales, nous avons la doctrine issue du saint-simonisme et même du socialisme : l'ÉTAT se faisant homme, s'incarnant dans une personnalité abstraite, disant à une Compagnie : Je te protége, je t'accorde un monopole, je te subventionne ; marche, écrase tes concurrents !

Voilà pourtant les conséquences du gouvernement personnel,.... et il est heureux que le dernier sénatus-consulte vienne enfin poser une épitaphe solennelle sur l'ère dictatoriale du second empire.

Les Compagnies privilégiées ne nuisent pas seulement au commerce maritime en général ; elles sont la destruction complète des principes de l'égalité appliquée aux divers ports de la France.

Si une Société de paquebots détruit par son monopole toute concurrence, elle arrête la prospérité des centres maritimes dans lesquels ses vapeurs n'abordent point.

Si les steamers subventionnés par l'État ont à Marseille

leur point de départ et d'arrivée, ils empêchent Cette d'établir, avec des chances de succès, des lignes régulières de grande navigation, et nuisent par conséquent à la fortune du Bas-Languedoc.

Les villes de l'intérieur de notre département, Montpellier, Béziers, Pézenas, Lodève, Montagnac, etc., sont aussi intéressées que Cette et Agde à la destruction de telles énormités d'économie sociale.

Il faut le droit commun, en matière de commerce maritime, comme partout ailleurs.

C'est aux députés de l'Hérault, c'est à MM. Ernest Picard, Coste-Floret, Roulleaux-Dugage et Cazelles, qu'il appartient surtout de lutter avec énergie contre les erreMents du passé.

Nous les verrons à l'œuvre !

D'un autre côté, le conseil général de l'Hérault doit nécessairement émettre des vœux dans le sens que nous venons d'indiquer, ou bien il ne serait pas à la hauteur de sa mission.

La Chambre de commerce de Montpellier ne peut manquer, elle aussi, d'apporter son précieux concours aux mesures qui sont destinées à protéger et à développer la fortune commerciale du Midi.

Enfin, il reste aux populations une ressource que la loi leur met en main : c'est le droit de pétition au Sénat. Cette et les autres villes de l'Hérault doivent user de ce moyen sans faiblesse et avec persistance. Le palais du Luxembourg peut rester sans échos devant les réclamations, mais le pays saura se poser en juge, et le gouvernement lui-même devra tôt ou tard faire droit à de justes demandes.

Ainsi, une ligne de paquebots est incontestablement nécessaire entre le Bas-Languedoc et les terres indiennes.

On ne doit pas considérer d'un œil jaloux les avantages particuliers de Marseille, mais il faut aussi que d'autres intérêts soient sauvegardés.

Les côtes de l'Hérault doivent resplendir au grand soleil de la liberté et de l'égalité.

Elles doivent recevoir en droite ligne de l'Hindoustan et de l'Indo-Chine les produits qui sont indispensables aux industries locales, et ceux qu'il faut réexpédier dans le Haut-Languedoc, dans le centre et dans l'ouest de la France.

Pourquoi n'établirait-on pas avec le coton indien des filatures aux abords de Cette, sur les plages de l'étang de Thau et près des rives de l'ancienne Arauris ?

Or, si nous ne devons pas laisser aux autres régions françaises le monopole industriel, ni le privilége des réexpéditions à l'intérieur, deux problèmes primordiaux sont indispensables à examiner au moins avec rapidité :

La question des chemins de fer dans le Bas-Languedoc, et celle des houilles, qui sont la base et l'aliment actuels de toute activité industrielle et maritime.

Nous allons les résumer ; d'ailleurs nous pouvons dire déjà que ces considérations intéressent, non-seulement la prospérité de toutes les villes languedociennes, mais aussi le développement commercial de la France entière.

XVII

On conçoit très-bien que, dans la vaste question des chemins de fer, nous allons examiner seulement ce qui possède un rapport immédiat avec nos considérations sur les conséquences du canal de Suez.

Quelques remarques générales sont néanmoins indispensables.

Dès la création des premiers railways en France, l'on aurait dû se livrer à un examen de synthèse sur la direction des voies ferrées, tandis que l'on s'est borné à créer, compagnie par compagnie, ligne par ligne, un réseau..... mal combiné.

Avec cette brillante élite d'ingénieurs qui font un des beaux et purs titres de gloire de notre patrie ; avec ces savants modestes et consciencieux qui, se tenant à part des luttes politiques, comptent néanmoins parmi les vrais pionniers infatigables du progrès, — on pouvait créer mieux que les résultats acquis depuis plus de vingt ans.

Il fallait prendre ce point de départ..... que les chemins de fer ne sont pas destinés à suivre les errements des précédentes voies de transport.

Il fallait comprendre qu'il ne s'agissait point de relier de ville à ville les anciens centres commerciaux de l'activité française.

Il fallait enfin saisir que la vapeur était toute une révolution destinée à la transformation des cités et des peuples.

Si l'on considère les grandes artères installées sur le

sol français, l'on voit avec surprise que les bassins naturels et géographiques des anciennes Gaules ont été choisis
comme traçant la direction des voies ferrées.

Erreur profonde !

S'il ne sortait point du ton convenable à cette étude
d'emprunter un langage biblique, on pourrait dire que la
vapeur est destinée à abaisser les montagnes et à exhaus-
ser les vallées.

Or l'on devait, sans se soucier des obstacles matériels,
tâcher de relier le plus directement possible les centres
de production et ceux de consommation, sans assujétir le
génie de nos hommes spéciaux à construire des lignes
soumises, par leurs directions, aux caprices de la configuration accidentelle du sol.

Le chemin de fer de Paris-Lyon-Méditerranée suit la
vallée de la Saône et prolonge celle du Rhône jusqu'à la
mer.

Le chemin de fer de Paris au Havre sert de parallèle
au cours de la Seine.

Le chemin de fer de Bordeaux à Cette prolonge la Garonne, le Canal latéral et le canal du Midi.

Là se trouve l'erreur !

Il était indispensable d'unir *directement* Paris avec les
têtes de ligne réelles, c'est-à-dire les ports de mer, sans
se préoccuper des points intermédiaires, sauf à les relier
aux artères principales par des embranchements.

Comment se fait un chemin de fer ?

On calcule les ressources de marchandises, de transports quelconques, de ressources locales que présentent
les diverses stations à créer ; on calcule aussi, pour la
construction de la ligne, les frais et les dépenses qui pro-

viennent de tel ou tel tracé, suivant la configuration du
sol; de la résultante de ces deux calculs, on fait sortir
la direction que prendra le railway.

Faute énorme !

Telle cité, florissante avant le passage des locomotives,
s'annihile dès que le sifflet du terrible moteur se fait entendre près de ses murs.

Telle localité, sans importance avant la pose des rails
sur les terres de la commune, devient une ville importante dès que la vapeur dessine son panache épais sous
le ciel de la contrée.

Brisons ces remarques générales, pour entrer tout de
suite dans un examen qui les fera mieux comprendre encore.

De prime abord, c'est-à-dire dès la création des chemins
de fer, il fallait établir Paris comme tête de ligne centrale pour tous les chemins de fer français, et de là tracer
géométriquement (comme principe seulement, bien entendu) des lignes droites allant aboutir en têtes de ligne
excentriques à tous les points capitaux des frontières, soit
terrestres, soit maritimes.

Ainsi, l'on aurait dû projeter d'abord les chemins de
fer suivants :

1. De Paris à Dunkerque ;
2. — au Havre ;
3. — à Nantes (Saint-Nazaire) ;
4. — à Bordeaux ; ·
5. — à Toulouse (Pyrénées du Centre);
6. — à Montpellier (agglomération maritime et commerciale de l'étang
de Thau) ;
7. — à Marseille ;

8. De Paris à Lyon (Genève et Chambéry) ;
9.   —   à Strasbourg ;
10.   —   à Lille (Bruxelles).

Avant d'aller plus loin, constatons qu'une partie de
ce plan a été exécutée, mais par la force des choses, sans
idée générale et préconçue, sans travail d'ensemble et
basé sur les vérités irréfragables de la moderne économie
sociale.

Reprenons notre examen : il est évident que plusieurs
de ces grandes artères seraient arrivées à se rencontrer
dans un parallélisme qui aurait appelé la fusion de plusieurs lignes en une seule. Ainsi, le chemin de fer de Paris
à Dunkerque et de Paris à Lille (Bruxelles) nécessitait,
en dehors de la conception théorique, la formation d'un
seul railway de Paris à Lille, se bifurquant de Lille à
Dunkerque et de Lille à Bruxelles ; le chemin de fer de
Paris à Montpellier et de Paris à Marseille commandait
une fusion des railways, soit à Clermont-Ferrand, soit à
Saint-Étienne ; le chemin de fer de Paris à Marseille et
celui de Paris à la frontière du sud-est (Genève et Chambéry) exigeait d'autre part la réunion de ces deux voies
à Lyon.

Entre parenthèse, il est digne de remarque profonde
que la ligne théorique de Paris à Marseille devait nécessairement se fondre à un point donné, soit avec celle
de Paris à Montpellier, soit avec celle de Paris au sud-
est.

Ainsi, Marseille ne se trouvait pas une tête de ligne
maîtresse, mais avait à choisir entre une fusion avec la

route du bassin de la Loire ou avec celle du bassin du Rhône.

Or, cette sorte de chemin qui conduisait Paris comme centre aux divers points du cercle, demandait que chacun des points excentriques fût relié à ses voisins par un autre chemin de fer.

En conséquence, on aurait eu les lignes suivantes :

De Lille au Havre ; du Havre à Nantes ; de Nantes à Bordeaux ; de Bordeaux à Toulouse ; de Toulouse à Montpellier ; de Montpellier à Marseille ; de Marseille à Lyon ; de Lyon à Strasbourg et de Strasbourg à Lille.

En dehors de ces grandes artères, tous les autres points de la France ne devaient être reliés entre eux et avec les lignes principales que par un chemin de fer d'intérêt local.

Nous revenons à l'objection spécieuse que l'on pourrait nous présenter : c'est que plusieurs de ces tracés existent déjà ou sont sur le point d'être exécutés ; mais nous répliquerons qu'autre chose est un intelligent et vaste plan d'ensemble, ou bien un travail exécuté en quelque sorte au jour le jour, sans aucune synthèse.

Le gouvernement français a agi, depuis 1845, avec le réseau des voies ferrées, comme un propriétaire qui, ayant une habitation à construire, bâtirait tantôt un pavillon, tantôt une tour, tantôt une aile, tantôt une grange, un chaix, un magasin, un logis de maître ; mais tout cela sans aucun souci de l'ensemble, au fur et à mesure des besoins, de telle sorte que l'édifice achevé serait une monstruosité architecturale, précieuse par ses détails, mais incommode par la totalité, et demandant de perpétuelles modifications et des frais énormes pour coordonner tout le monument.

Or, c'est là que nous en sommes aujourd'hui !

Nous espérons démontrer par les faits, dans une prochaine étude, combien est défectueuse la direction générale de nos voies ferrées ; combien la force majeure oblige le gouvernement et les conseils généraux à remédier par des embranchements (qui devraient être des lignes principales) à l'erreur primordiale dans les moyens de transport que la France s'est créés au moyen de la vapeur.

Il est indispensable de noter que nous n'avons examiné ici la théorie de notre réseau de voies ferrées qu'au point de vue *purement français*. L'œuvre de M. de Lesseps crée de nouveaux horizons à notre activité territoriale, et nous aurons à considérer la direction des grandes artères de nos railways au point de vue international... Nous trouvons là précisément l'un des plus grands rôles qu'aient à jouer Montpellier et la région cettoise.

XVIII

Afin de profiter des avantages du canal de Suez, la France possède deux têtes de ligne sur la Méditerranée : Marseille et Cette.

Rappelons ici que, par le mot de *Cette*, nous entendons non-seulement le port qui s'appelle ainsi, mais encore, avec Agde et les villes de l'étang de Thau, toute cette partie du département, depuis Montpellier jusqu'à Béziers, qui vit en relations journalières d'affaires commerciales avec les installations maritimes des bases du mont Saint-Clair.

Nous avons démontré que les canaux sont un vieux

système qui ne peut entrer en lutte sérieuse avec les chemins de fer. .

Mais le transport maritime PAR VAPEUR offre encore certains avantages de rapidité relative et de semi-précision qui, joints au bon marché, peuvent faire une concurrence sinon victorieuse, au moins très-importante aux railways italiens.

Le système des docks et des entrepôts, qui transforme peu à peu les villes maritimes, ne leur permettra pas d'acquérir les bénéfices énormes que Trieste, Brindisi, Marseille et Cette, par exemple, auraient retirés si le canal de Suez avait été créé avant la découverte de la vapeur.

Mais la destruction de la marine à voiles n'est pas un fait assez accompli pour que certains ports de mer n'aient pas encore, pendant longtemps, à retirer de très-fructueux avantages dans leur existence comme tête de ligne.

Ces points étant posés ou remis en mémoire, reprenons l'examen des voies ferrées.

Marseille a la prétention d'être la ville destinée à *monopoliser* tout le trafic entre l'Europe occidentale et le canal de Suez. C'est là un égoïsme local qui se comprend et s'excuse.

Mais Trieste et Brindisi prennent déjà leur part... Cette doit conquérir la sienne.

Or, l'intérêt bien entendu de la France, bien plus que celui du département de l'Hérault, exige, au point de vue *politique* aussi bien qu'à celui de l'économie sociale, de diviser autant que possible entre les ports de notre nation les avantages du canal de Suez.

Trieste sert de tête de ligne au centre et à l'est de l'Allemagne, aux Principautés danubiennes, à la Hongrie, à la Pologne, à la Russie et à une partie de la Baltique.

Brindisi domine le marché italien et va faire concurrence à Trieste dans l'Allemagne centrale, et à Marseille dans la Suisse ainsi que dans le bassin du Rhin.

La cité phocéenne peut conserver encore longtemps l'Est et le Nord-Est français;... mais elle doit abandonner à Cette la région pyrénéenne, le centre, l'ouest et le nord-ouest de la France.

Posée dans ces termes, la question laisse comme chose indivise entre Cette, Marseille et PEUT-ÊTRE Brindisi, le marché anglais, suivant que les avantages de la traction pousseront les marchandises à se rendre, par les chemins de fer italiens ou par les railways de France, à un port général d'embarquement sur la Manche ou la mer du Nord, en destination de la Grande-Bretagne.

Sera-ce le Havre, Dunkerque ou Anvers qui deviendra la tête de ligne du Nord pour le transbordement des cargaisons indiennes?

La réponse est encore impossible, car les principaux éléments du problème n'existent pas aujourd'hui d'une manière suffisante, puisqu'ils seront créés par les tarifs et la rapidité des transports entre les lignes rivales.

Suivant la vraie théorie du réseau français, mise en rapport avec les exigences du canal de Suez, Marseille se trouve avoir besoin de trois grandes voies ferrées :

1° De Marseille à Lyon ;

2° De Lyon à Paris ;

3° De Lyon à Strasbourg.

Les deux premiers railways existent déjà ; le troisième devra se faire.

Remarquons, en passant, que Lyon va prendre une importance exceptionnelle, car cette grande cité servira de point de rencontre et de bifurcation, non-seulement à la ligne de Provence avec le Nord, mais aussi *aux chemins de fer Suisses*, dans leurs efforts pour lutter avec la concurrence des voies tout à fait françaises.

Marseille ne peut se passer d'une grande artère de Lyon à Strasbourg, pour arriver aux contrées du Rhin, en laissant à droite la ligne de Brindisi venir se perdre, s'il est possible, dans les montagnes helvétiques.

La voie la plus directe paraît être Lyon, Bourg, Lons-le-Saulnier, Besançon, Belfort, Colmar, Strasbourg.

Or, ce réseau d'embranchements doit nécessairement se transformer en un grand chemin de fer reliant avec le plus de rapidité possible Marseille à l'Alsace.

Il existe bien un autre tracé : Lyon, Dijon, Vesoul ou Langres, Épinal, Strasbourg ; mais celui-ci est moins direct d'abord, et présente une plus grande série d'embranchements non exécutés encore.

En conclusion générale : Marseille doit être reliée à l'Ouest allemand à d'excellentes conditions de rapidité dans les transports et de bon marché dans les tarifs.

L'espace nous manque dans ce chapitre pour nous occuper des railways du Bas-Languedoc, mais nous pouvons poser déjà le théorème suivant comme irréfragable :

Cette est la tête de ligne naturelle du grand chemin de fer qui doit servir de route aux marchandises indiennes, allant à Saint-Nazaire, en destination des États-Unis d'Amérique et du Canada.

Il y a quelques années, Saint-Nazaire n'était encore

qu'une misérable bourgade,... et elle se transforme avec une merveilleuse rapidité en une ville de premier ordre.

Sous la baguette magique du progrès, Cette et Saint-Nazaire deviennent solidaires, et doivent partager avec Marseille le premier rôle dans les vastes conséquences qu'entraîne l'œuvre colossale de M. de Lesseps.

Nous avons dit que les marchandises allant de Suez en Amérique longeraient directement la côte septentrionale d'Afrique, pour gagner Gibraltar. Au premier abord, on peut ne pas s'expliquer que le Bas-Languedoc puisse donc retirer des avantages comme ligne des marchandises pour les États-Unis; mais il s'agit surtout des matières premières reçues des Indes à l'état brut et fabriquées dans le midi de la France.

XIX

La rapidité étant l'une des conditions principales qu'exige aujourd'hui le commerce, l'on ne peut douter que beaucoup de marchandises parties des Indes en destination américaine, ne prennent les chemins de fer européens dans certains cas.

Or, il est impossible à Brindisi et à Trieste de prétendre en aucune façon nous nuire sur ce point, car les cargaisons sus-indiquées doivent nécessairement prendre la voie française.

Dans cet ordre d'idées, les deux têtes de ligne sont Marseille et Cette.

La cité phocéenne enverra ses réexpéditions américaines à Montpellier.

La ville du mont Saint-Clair les fera parvenir également au chef-lieu de l'Hérault.

Ainsi l'exige la coordination des faits d'économie sociale.

Montpellier se trouve ainsi tête d'embranchement sur Cette et sur Marseille,..... et tête de ligne sur le chemin de fer à créer du Bas-Languedoc en Bretagne.

Si l'on trace la ligne théorique du grand chemin de fer qui doit relier Saint-Nazaire à l'Hérault, l'on voit que la vapeur locomotrice doit prendre la direction suivante : laisser au nord-est le Vigan et au sud-ouest Lodève; laisser encore Milhau au sud, toucher à Sévérac, abandonner Rodez à gauche et plus loin Aurillac et Tulle à droite; traverser Saint-Yrieix et Roche-Chouart; jeter d'un côté Confolens et Livray, refouler de l'autre Ruffec et Niort; quitter Parthenay et Bressuire sur l'un des flancs ; laisser vers l'ouest Fontenay et Napoléon-Vendée ; enfin aboutir à Nantes, d'où le court embranchement qui existe déjà conduirait les wagons jusqu'à Saint-Nazaire.

Telle aurait dû être la préoccupation du conseil général de l'Hérault, lors du premier établissement des chemins de fer en France.

C'est à se demander jusqu'à quel point peut arriver l'aveuglement humain !

Une autre maîtresse ligne étant à placer dans nos régions méridionales, on la dirige en parallélisme avec le canal du Midi, le Canal latéral et la Gironde.

Quand donc le département de l'Hérault possédera-t-il un conseil général dont la majorité soit capable de défendre les intérêts immédiats de nos contrées?

Nous possédions déjà une voie navigable entre Cette et Bordeaux. L'objectif le plus désirable, le plus nécessaire, le plus logique, était de tourner un railway puissant vers le centre de la France, soit pour arriver en Bretagne, soit pour aboutir à Paris.

Par ce moyen, nous anéantissions la concurrence marseillaise à l'ouest de la ligne droite et géométrique qui sépare Montpellier de Paris ; nous arrivions au pas de course sur les marchés de la Guyenne orientale, de l'Auvergne, du Limousin, de la Marche, de l'Angoumois, de la Saintonge, du Poitou, de la Touraine, de l'Anjou et de la Bretagne.

Nous pouvions rivaliser avec Marseille dans le Bourbonnais, le Nivernais, le Berry, l'Orléanais, le Maine, la Normandie et l'Ile de France.

Le Bas-Languedoc devenait une puissante tête de ligne de la France sur la Méditerranée, et pouvait même, par un chemin de fer reliant notre région à Barcelone, se considérer comme tout puissant dans le nord-est de l'Espagne.

Le chemin de fer de Bordeaux à Cette n'aurait dû venir qu'en dernière ligne, et c'est précisément par celui-là que l'on a débuté.

Voilà, selon nous, ce que l'on aurait dû faire ; mais, puisque les faits du passé nous entraînent dans leurs conséquences plus ou moins déplorables, voyons ce qu'il serait possible d'accomplir pour atténuer leur portée.

Un chemin de fer du Bas-Languedoc à Paris est tellement dans la logique des choses, qu'il se crée aujourd'hui en quelque sorte de lui-même.

Avec les embranchements déjà finis et ceux qui ne vont pas tarder à être livrés à la circulation, nous possédons les premiers rudiments de la grande artère qui doit relier, *par trains directs et rapides*, Montpellier à Paris.

Quelle est donc cette ligne unissant nos provinces à la capitale?

Montpellier — Nimes — Alais — Villefort — Langeac — Brioude — Lempdes — Issoire — Clermont — Riom — Gannat — Saint Germain-des-Fossés — Moulins jusqu'à Paris.

Une fois toutes les lignes secondaires, tous les embranchements assemblés, telle est la grande voie qui doit nous empêcher d'être les tributaires du bassin du Rhône pour les transports de nos vins et pour la réexpédition de nos marchandises maritimes.

Le chemin de fer devant rallier le Bas-Languedoc à Saint-Nazaire se trouve moins bien tracé par les embranchements actuels; mais ce fait s'explique parce que le *système empirique* qui a présidé à la direction de nos railways ne pouvait nécessairement se combiner pour un fait encore futur, c'est-à-dire le canal de Suez.

Essayons de voir la route la plus directe que nous donnent vers Nantes les tracés actuels. Nous avons d'abord les embranchements qui doivent relier Montpellier à Millau, puis les rails qui traversent ou traverseront Rodez, Capdenac, Figeac, Turenne, Brives-la-Gaillarde, Saint-Yrieix, Limoges, Fromental, Montmorillon, Poitiers, Parthenay, Bressuire et Nantes par la bifurcation, soit du côté d'Angers, soit du côté de Napoléon-Vendée.

Si l'on s'occupe un jour de relier directement Montpellier à Saint-Nazaire, il faudra nécessairement modifier dans un sens plus direct plusieurs des tronçons et des embranchements que nous venons de passer en revue.

En définitive, nous posons le principe: c'est aux compagnies de chemin de fer et aux conseils généraux, ainsi qu'aux préfectures des départements intéressés, qu'il appartient de créer large, grande et puissante, cette grande route des Indes qui doit traverser la France en reliant les ports bretons à ceux du Bas-Languedoc.

Les fautes des administrateurs de l'Hérault sont déjà nombreuses, et nos populations en subissent les conséquences depuis plus de dix ans.

Fasse le ciel que l'avenir soit prospère ! Mais si le système autoritaire ne permet pas à l'initiative des Français d'agir complètement dans le but que nous avons tracé, il y a du moins un lambeau précieux que le suffrage universel a déjà arraché au gouvernement.

Par de bonnes élections pour les conseils de la commune, du canton, de l'arrondissement et du département, les électeurs de l'Hérault peuvent exercer une forte influence sur toutes les questions qui intéressent nos contrées.

Si M. Coste-Floret n'avait pas été conseiller général, on n'aurait jamais exécuté très-probablement le *tracé par la plage*, et en grande partie nous n'aurions pas besoin du réseau départemental que l'on exécute à grands frais pour réparer l'erreur commise d'une manière si fatale.

Nous faisons le vœu que le député de la quatrième circonscription de l'Hérault répare les préjudices qu'il a causés à Agde et à tout le département, et qu'il défende avec indépendance et vigueur, au Corps législatif, toutes les mesures destinées à transformer le Bas-Languedoc en centre industriel de premier ordre et en sérieuse tête de ligne pour le prochain canal de Suez.

XX

Dans le sujet qui nous occupe, la question des houilles est en réalité (qu'on nous pardonne l'expression) le *Deus ex machinâ*.

L'industrie étant la principale ressource des diverses contrées de l'Europe pour retirer des avantages effectifs de la nouvelle route des Indes, le *moteur* devient un problème fondamental de la nouvelle situation des affaires.

Sans machine à vapeur, pas de grande industrie.

En conséquence, le prix du charbon se trouve au centre même des difficultés qu'il s'agit de résoudre.

Prenons un exemple dans le Bas-Languedoc : sur la place de Cette, les cours se cotent en ce moment de la manière suivante :

Charbons français de 1re qualité : 31 francs en gare et pour la consommation intérieure ; 29 francs à bord pour l'exportation.

Les agglomérés se vendent fr.32,50 en gare pour la consommation, et fr.30,50 à bord pour l'exportation.

Les charbons anglais valent de fr.40 à fr. 41.

Pour le détail, en ville, on vend les charbons français jusqu'à fr.35, et les anglais de fr.45 à fr. 48.

Or quels sont les résultats qu'il est possible de déterminer par ces faits, aussi bien que par la moyenne générale du prix des houilles sur les divers marchés de la Méditerranée ?

C'est qu'il existe un écart ordinaire de fr.10 entre les charbons anglais et les français.

Ce qui revient à dire que le produit des houilles anglaises coûte, à nos industriels du Midi, un quart plus cher que les provenances des mines françaises.

Dans de telles conditions, la concurrence étrangère n'est sérieusement pas possible.

Par nos tarifs douaniers, nous avons cherché à protéger le produit national contre celui de l'Angleterre.

A-t-on eu tort ou raison ?

Nous posons en principe général que les houilles ne doivent pas connaître de frontières, et que leur prix doit être égal autant que possible dans tous les centres industriels.

Expliquons-nous mieux.

Le prix des houilles combiné avec celui de la main-d'œuvre et tous autres frais, oblige, en face des circonstances contemporaines, de donner l'égalité au *prix de revient* à tout produit, quel que soit le lieu de sa fabrication.

Une autre donnée s'introduit nécessairement dans ce problème, c'est la différence entre les prix de transports, par suite de la distance entre le lieu de production et celui de consommation.

Avec tous ces éléments, il est facile de conclure que nous aurons toujours beaucoup de peine à lutter, pour un grand nombre de produits, avec le marché anglais.

On conçoit très-bien que les bornes dans lesquelles nous sommes obligé de nous renfermer, ne nous permettent pas de développer toutes ces questions avec l'ampleur qu'elle exigeraient.

Nous posons des jalons : il appartient au lecteur nourri

dans les choses industrielles, de mesurer les distances intermédiaires.

La houille n'est pas un objet similaire avec les autres produits.

Elle est le moteur, elle est l'aliment de toutes les industries puissantes.

Tel est l'objectif qu'il ne faut pas perdre de vue, si l'on veut donner une royale impulsion à l'activité des affaires françaises.

XXI

On nous permettra de classer ici les principales conséquences de l'étude que nous venons de faire :

1° Les houilles, quelle que soit leur provenance, doivent arriver au plus bas prix possible dans les lieux de consommation, soit pour la marine, soit pour l'industrie proprement dite ;

2° Les villes de l'isthme de Suez sont appelées à prendre une importance de premier ordre ;

3° Brindisi, Trieste et Marseille retireront, *en l'état actuel des choses*, beaucoup moins d'avantages qu'elles n'en espèrent du canal de Suez. Néanmoins Brindisi est la future cité qui semble réunir le plus de chances favorables ;

4° Cette et la région du Bas-Languedoc peuvent décupler leur rôle commercial et industriel, si elles savent prendre les dispositions nécessaires en vue de la nouvelle route des Indes ;

5° L'importance politique du canal de Suez dépassera de beaucoup son importance commerciale, à moins que l'on n'arrive un jour à réaliser les combinaisons que nous allons développer dans les chapitres suivants.

Il convient de remarquer que la plupart des considérations d'économie politique auxquelles nous nous sommes livré, s'applique non-seulement à la prospérité des villes et des régions que nous avons examinées, mais se rapporte encore, *à fortiori,* à toutes les grandes cités commerciales.

Il est vrai que les parages de la mer Noire, la Russie orientale et les contrées du Bas-Danube, détourneront au profit des villes du Sud-Est européen une certaine partie du transit des marchandises asiatiques.

Enfin, il n'est pas inutile de constater, en passant, que le titre de notre ouvrage indique que c'est la civilisation chrétienne dont les intérêts sont principalement mis en jeu par l'ouverture d'une nouvelle communication maritime avec les mers indiennes.

Si nous voulions résumer en quelques lignes les résultantes commerciales du *nouveau Bosphore,* nous pourrions dire :

1° Les produits de l'Hindoustan et de l'Indo-Chine subiront une baisse notable sur les marchés des pays que baignent la Méditerranée et l'Atlantique, par suite de la concurrence qui s'établira entre les navires des armateurs particuliers et les grandes compagnies de navigation, surtout si l'on renonce à privilégier *les Messageries Impériales;*

2° Les produits de l'Europe trouveront un nouveau débouché dans la facilité des communications avec les peuples qui habitent les terres situées vers le golfe de Bengale, les archipels de l'Océanie et les contrées australiennes.

Par exemple, quels avantages n'ont pas à trouver les pays vinicoles de la France dans l'ouverture d'une route qui leur permet de faire transporter avec une diminution de moitié dans les frais et dans la distance, les vins de nos régions dans les colonies européennes installées sur le sol de l'extrême Orient !

Les villes de la Méditerranée peuvent être en rivalité pour monopoliser, chacune à son profit personnel, les avantages du canal; mais il existe un fait incontestable, c'est que M. de Lesseps a créé pour la civilisation entière une œuvre féconde sans doute en grandes complications politiques, mais fertile surtout en grands résultats civilisateurs.

Cela peut suffire à la gloire d'un homme et d'un siècle.

Néanmoins un fait général domine toutes les considérations industrielles, commerciales et maritimes que nous avons développées :

Le principal élément pour que l'on puisse avec succès profiter de la voie maritime qui fait abandonner le cap de Bonne-Espérance pour la mer Rouge, c'est de remplacer en Europe la direction autoritaire des gouvernements par la libre initiative des citoyens.

Quand l'individu est esclave des lois restrictives et d'une administration dictatoriale, la prospérité d'une nation tombe dans l'atonie et se meurt.

Si l'on met en regard de la compression européenne la puissante liberté des États-Unis, l'on se rend compte avec facilité de la fortune américaine et des malheurs du vieux continent.

Les affaires libres dans l'état libre : telle est la

formule que nous soumettons à l'examen des financiers, des industriels et des négociants.

Cette formule est féconde et non moins puissante dans un ordre matériel d'idées, que celle de *l'Église libre dans l'État libre,* au point de vue des intérêts sublimes du catholicisme.

Pour le canal de Suez, comme pour les divers événements qui agitent aujourd'hui la civilisation des deux mondes, tout se résume en un seul mot :

Liberté !

XXII

Nous devons examiner maintenant si la Compagnie universelle du Canal de Suez répond à la totalité des exigences de la situation.

Nous ne le pensons pas.

Au point de vue des intérêts de cette Société, il est très-probable que les premiers bénéfices de l'œuvre seront très-inférieurs aux espérances que certains esprits peuvent nourrir.

Si la navigation à vapeur n'existait pas, la multitude des navires à voiles donnerait immédiatement de magnifiques résultats à l'exploitation de l'isthme; mais les paquebots ont amené une telle révolution dans les affaires maritimes, qu'il faut examiner les faits sur le point de s'accomplir.

Les steamers de la ligne indienne se chargeront à leurs points de départ d'une certaine quantité de produits; ils compléteront peu à peu leurs cargaisons en faisant échelle dans divers ports du parcours; ils arriveront au canal, et le franchiront sans aucun arrêt sérieux. A peine s'ils stationneront quelques heures à Port-Saïd, à Ismaïlia ou à Suez, pour un léger service de marchandises et de passagers, ainsi que pour renouveler leur combustible , en admettant que les compagnies établissent dans l'isthme des dépôts de charbon.

Le canal ne profitera donc que des droits de passage, et les riverains bénéficieront à peine des quelques légères dépenses faites par les officiers de la marine, les voyageurs et les équipages, dans les courts instants d'escale près des villes situées entre la mer Rouge et la Méditerranée.

La même loi d'économie sociale qui condamne à la décadence tous les centres purement maritimes, par suite de la destruction lente, mais continue, de la navigation à voiles, s'applique aussi à Suez.

Or, il est matériellement impossible que les bords du canal deviennent jamais des lieux de production industrielle, car le sol du désert est encore bien loin de fournir des produits propres à être fabriqués, et l'absence des mines de houilles, dans un rayon très-étendu, rend à peu près inexécutable l'établissement des usines.

De telles considérations semblent de nature à infirmer les jugements que nous avons portés sur la future prospérité de l'isthme; mais on ne doit pas perdre de vue que nous avons agité le problème de Suez, non pas dans l'hypothèse des premières années après l'ouverture du canal, mais surtout dans la réalité des faits qui se passeront lorsque la période génératrice sera écoulée.

En dehors de son utilité comme voie de communication, l'isthme créera son importance commerciale, par sa posi-

tion exceptionnelle entre les mers indiennes et les terres
baignées, soit par la Méditerrannée, soit par la partie de
l'Atlantique située dans l'hémisphère boréal. Nous avons
développé cet ordre de considérations; nous n'y reviendrons pas, faisant toutefois observer qu'une métropole
commerciale ne s'improvise pas. Il faudra au moins dix
ans pour que Port-Saïd rassemble un assez grand nombre
de négociants propres à fonder dans cette ville et sur les
autres points de l'isthme, un nouveau peuple *à l'américaine*, c'est-à-dire composé de gens arrivés de tous les
points du monde et réunis par l'espoir de la fortune.

Les remarques faites dans ce chapitre étaient indispensables pour deux motifs :

Calmer l'imagination de ceux qui, dans la masse des
actionnaires de Suez, nourrissent le faux espoir de retirer
immédiatement de vastes bénéfices ;

Soutenir la défaillance de ceux qui se laisseraient aller
à un découragement intempestif, en voyant les dividendes
des premières années ne pas réaliser les calculs optimistes
auxquels des esprits trop complaisants se sont livrés.

Il nous reste à développer une grande et puissante mesure, qui nous semble indispensable pour consolider l'avenir de l'isthme, augmenter sans cesse son rôle commercial, et empêcher que le canal ne devienne la source des
plus dangereux conflits politiques, en faisant naître, au
sujet du nouveau Bosphore, une question d'Orient féconde
en sanglantes péripéties.

XXIII

Au milieu de l'examen complexe que la masse des considérations soulevées par l'isthme de Suez nous a obligé d'approfondir, on a pu remarquer certaines oscillations *apparentes* que nos remarques ont subies.

Pour les esprits nourris dans la manipulation des affaires, il n'en est rien.

Il est très-facile de composer une théorie d'école, pour extraire de son sein des jugements absolus, mais faux.

A côté des questions de principes que soulève l'état du monde commercial au xix° siècle, notre étude a mis de pair les connaissances acquises dans la pratique des affaires, et dans l'expérience des intérêts du Midi français.

Nous avons en conséquence évité les définitions tranchantes, les aperçus à lame d'acier.

La question de Suez est tellement compliquée, que nous croyons avoir agi, non pas dans le mirage, mais dans la réalité des choses.

Ainsi notre thèse a été tantôt un peu favorable à Brindisi, à Marseille et à Trieste, tantôt n'accordant à ces points maritimes aucune concession. Il était très-facile pour nous d'éviter ces mouvements de surface dans les déductions, mais chaque conséquence était amenée dans nos raisonnements par une cause spéciale, et les intelligences sérieuses ne se tromperont pas sur la portée totale de notre travail.

Par exemple, nous avons dit que Port-Saïd était une

cité que sa position appelait au plus grand rôle, et nous avons fait aussi certaines restrictions. C'est qu'il y a trois manières pour juger les choses : leur situation actuelle, celle qui doit leur incomber dans un temps futur, mais rapproché ; enfin, leur résultante tout à fait lointaine.

Inutile d'insister sur ces divers points.

Arrivons à un fait capital.

La Compagnie de Suez doit se transformer ; il faut qu'elle se change en une entreprise similaire à la Compagnie anglaise des Indes. Elle doit s'assimiler toutes les Sociétés partielles qui tendent à se former pour l'exploitation des résultats commerciaux que crée le canal.

On peut apaiser momentanément le conflit qui menace de s'élever entre le sultan et le khédive, mais le *nouveau Bosphore* crée entre ces deux souverains une source de luttes interminables, à moins que la Compagnie de Suez ne devienne une quasi royauté.

Comme la fameuse Compagnie des Indes, elle doit avoir son territoire propre, ses finances spéciales, ses lois et son armée. Elle doit régner sur l'isthme et sur tous les rivages de la mer Rouge ; elle doit s'étendre sur la totalité des côtes orientales d'Afrique.

Par un accord spécial avec le vice-roi d'Égypte, elle organisera le service du canal d'eau douce qui provient du Nil, et l'entente nécessaire pour utiliser le chemin de fer qui va du Caire à Suez.

Elle doit être maîtresse chez elle.

Ainsi seront corrigées les erreurs financières qui résultent d'une trop bienveillante appréciation sur les dividendes futurs du canal.

Ainsi les villes de l'isthme, entièrement soumises à une

police et à des lois européennes, pourront victorieusement anéantir les germes de guerre soulevés entre le padichah et le dominateur des vieilles terres pharaoniennes.

Etendant peu à peu ses comptoirs sur les côtes de l'Arabie, de l'Égypte orientale et de l'Abyssinie ; possédant une armée européenne et internationale ; relevant du khédive et du sultan par un simple tribut et par des honorifiques déférences , elle pourra s'étendre dans les contrées de la mer Rouge, comme la Compagnie anglaise dans l'Hindoustan.

Le canal de Suez serait ainsi neutralisé ; il éviterait à l'Europe de redoutables complications et ferait monter l'entreprise de M. de Lesseps jusqu'à une prospérité dont les limites sont impossibles à déterminer aujourd'hui.

La Compagnie de Suez devenant une création demi-industrielle et demi-politique, tel est l'objectif que les cabinets de l'Europe et celui des États-Unis ne devraient point perdre de vue.

Ainsi les tentatives futures qu'un nouveau Méhémet-Ali pourrait faire afin de créer un nouveau royaume Égypto-Syrien, se trouveraient anéantis pour la tranquillité de la civilisation.

Ainsi la rivalité de Constantinople et du Caire retomberait dans la poussière.

Ainsi la société chrétienne éviterait, autant que possible, d'être arrêtée dans son essor par la barbarie musulmane.

Au point de vue civilisateur, sous les aspects de simple politique, dans l'ordre des faits commerciaux, la Compagnie de Suez, agrandie par les volontés de l'Europe et des États-Unis, soutenue dans une réelle neutralisation par les peuples issus du christianisme, deviendrait un gage de concorde et de félicité, au lieu de s'élever comme une menace au sein des rivalités nationales.

Nous soumettons nos remarques à tous les gouvernements, afin qu'ils puissent en faire jaillir un véritable et nouveau traité qui réglerait définitivement la question de Suez.

XXIV

Il est une des faces de la question de Suez que nous avons quelque peine à dessiner, car elle pourrait soulever des appréhensions exagérées dans quelques esprits pusillanimes.

Néanmoins on doit l'indiquer à larges traits, afin de rendre aussi complète que possible une étude générale sur les conséquences du canal.

Les maladies épidémiques, comme la peste et surtout le choléra, arrivent presque toujours d'Orient en Europe, par une marche que l'on pourrait en quelque sorte tracer par étapes.

Or, n'est-il pas à craindre que le percement de l'isthme ne donne une nouvelle facilité au terrible fléau, pour se répandre au sein de la civilisation chrétienne?

Grand problème, digne des plus hautes méditations de la part du Gouvernement!

Lorsque les marchandises arrivaient par le cap de Bonne-Espérance, la longueur de la route permettait aux germes morbifiques de s'annihiler. Aussi ne voit-on pas le choléra faire son apparition dans les derniers siècles.

La peste arrivait seule des Échelles du Levant. Nous

n'avons pas à rechercher les causes qui ont à peu près anéanti l'apparition de cette terrible maladie dans l'Europe occidentale.

En dehors de toute discussion scientifique, il existe comme un fait irréfragable que le choléra nous arrive des bords du Gange et de l'Arabie. Les navires l'apportent des Indes dans les parages de la mer Rouge, et le transbordent avec les cargaisons et les passagers sur les flots de la mer méditerranéenne. Les caravanes de la Mecque font naître de leur côté le fléau par les sacrifices et les holocaustes accomplis à la tombe du Prophète.

De toutes ces causes résultent deux marches pour l'épidémie : l'une terrestre, partant du pays du boudhisme, s'avançant sur les plateaux de l'Asie centrale, attaquant la Sibérie occidentale et se jetant par la Russie dans les contrées européennes ; l'autre maritime, qui apporte la contagion au moyen de la mer Rouge et des terres situées vers les latitudes de la Grèce et de l'Italie.

Le canal de Suez aura pour conséquence d'empêcher une grande partie des transbordements. Ainsi les passagers et les marchandises pourront arriver des Indes en droite ligne, de façon à répandre le choléra dans les cités de Trieste, de Brindisi et de Marseille, avec une facilité beaucoup plus grande que dans l'état actuel des choses, si une Commission internationale ne s'empresse de prendre des mesures préventives.

Nous n'avons pas besoin de nous étendre sur un sujet si pénible ; tout le monde peut de prime abord en comprendre la portée.

Faut-il déplorer l'ouverture du canal, à cause des fatales conséquences que nous mentionnons ici ?

Ce serait une erreur ; il n'y a là qu'un incident fortuit que la science saura combattre, si les Gouvernements savent prendre de sages dispositions.

Imposer des quarantaines en temps utile ; obliger les pèlerins de la Mecque à certaines observances hygiéniques ; prendre à Suez même de sévères mesures pour le passage de tout navire ayant une provenance suspecte ou renfermant des germes d'épidémie, tel est l'objectif immédiat qui nous semble nécessaire.

Mais une cause plus grande, plus haute et plus puissante, se trouve à constater, afin d'arriver à l'anéantissement des maladies que l'Orient peut répandre en Europe.

On peut la formuler ainsi :

Les religions païennes répandent non-seulement sur le globe le venin des fausses doctrines, mais elles jettent encore sur la terre un poison matériel.

Le paganisme ne se borne pas à perdre l'âme, il détruit aussi le corps.

Oui, la religion des Mahométans et celle des Hindous sont le fléau primordial qu'il s'agit d'anéantir.

Voulez-vous trouver le plus grand des remèdes pour sauver le monde des calamités qui résultent des grandes maladies épidémiques : développez sans cesse la religion chrétienne ; répandez les purs enseignements de la Divinité dans les parages des mers indiennes ; écrasez le mensonge ; faites triompher le Vrai éternel.

C'est à l'usage immémorial de jeter les cadavres humains dans les ondes du Gange ; c'est à cette horrible tradition du boudhisme qui ordonne de transformer le fleuve sacré en un charnier flottant ; c'est aux immolations d'animaux autour de la tombe qui renferma l'imposteur de Médine, — que le globe entier doit ce long voile de deuil, cet océan de larmes qui se déroule sur l'univers civilisé au contact des épidémies.

Place au progrès ! place au Christ ! place à la Croix triomphante ; non pas pour sauver seulement les âmes, mais afin de purifier aussi un monde matériel plein de corruptions !

Que les missionnaires de l'Évangile se répandent, grâce au canal de Suez, avec plus de facilité que jamais dans les contrées de l'extrême Orient !

Que tous les Gouvernements de l'Europe profitent de l'œuvre accomplie par M. de Lesseps pour jeter à profusion les semences civilisatrices dans les terres lointaines où fructifient maintenant des germes de mort !

Ainsi, par une résultante admirable, le percement de l'isthme, tout en augmentant certaines chances néfastes, apporte le remède par le futur épanouissement de la société chrétienne dans les régions asiatiques.

Suez ouvre un chemin admirable pour les conquêtes pacifiques de l'Europe dans les pays sauvages ou barbares.

L'Orient doit être régénéré.

La Providence arrive à ce but en séparant l'Afrique des Pharaons et la Terre-Sainte par un nouveau Bosphore qui laissera passer la civilisation de Jésus dans sa marche divine, vers les malheureux et les victimes des dogmes païens.

Du reste, l'isthme semble une terre bénie dès l'origine de l'histoire. Sur le sable de ses déserts, il a vu passer les anciens patriarches d'Israël ; Moïse l'a traversé aux jours immortels qui s'illuminaient encore des reflets de la Genèse ; la tradition chrétienne nous montre dans le lointain des souvenances de l'âme, la famille de Nazareth cherchant sa route parmi les solitudes où la civilisation du xixe siècle va déployer ses bruyantes splendeurs. Les souverains de l'antique et fabuleuse Égypte ont défilé devant Suez à la tête de leurs légions innombrables. Sésostris, Alexandre et Napoléon-Bonaparte ont pu y secouer la même poussière sous le galop de leurs coursiers. Depuis le soleil qui brille au sommet des Pyramides jusqu'aux feux qui rayonnent du mont Thabor et du Sinaï, tout ce qui brille dans l'auréole des souvenirs du passé semble faire jaillir une lumière divine sur ce coin de terre où ont passé depuis six mille ans presque tout ce qu'il y a eu de noble, de grand et de divin ici-bas.

XXV

Le travail que nous nous sommes imposé serait accompli s'il ne convenait d'insister sur un point que les détracteurs du canal s'efforcent de mettre en lumière. Des spéculateurs à la baisse prétendent à la Bourse de Paris que l'œuvre de M. de Lesseps ne remplit pas les conditions matérielles indispensables, afin de permettre une bonne navigation.

C'est là un problème technique qui concerne spécialement les ingénieurs et les marins. D'ailleurs les faits se chargeront de dissiper par eux-mêmes les bruits malveillants ou intéressés.

Dans son numéro du 27 octobre, le *Journal des Débats*

insérait une lettre reproduite par plusieurs journaux. Nous sommes heureux de la citer nous-même, afin de calmer des inquiétudes trop naturelles, et de prouver combien le Canal répondra dignement aux services que le monde politique et commercial attend de lui :

« Du Canal maritime de Suez, 10 octobre.

» MONSIEUR ,

» Il se prépare un fait considérable, dont la possibilité a donné longtemps lieu aux discussions les plus animées, et parfois aux contradictions les plus étranges : — l'ouverture du canal maritime de Suez aura lieu dans un mois. — Il ne sera peut-être pas sans intérêt pour vous, qui avez toujours si énergiquement et si bien défendu les grandes entreprises favorables au développement de la prospérité commerciale du monde entier, de recevoir les impressions d'un touriste qui, au moment même où il vous écrit, sillonne à pleine vapeur, de Port-Saïd à Suez sans interruption, cette magnifique ligne d'eau que de grands ingénieurs anglais, il y a moins de dix ans, s'obstinaient à déclarer impraticable.

» Je vous le dis sans détour, monsieur, ces impressions sont vives et profondes ; elles se traduisent par une émotion à laquelle, sur les lieux mêmes, on ne saurait échapper. Naguère, en voyant les eaux de la Méditerranée tomber dans le lac Timsah , où elles allaient attendre celles de la mer Rouge, l'honorable M. Béhic, lui-même promoteur et organisateur de plusieurs grandes lignes de navigation françaises, embrassait, les larmes aux yeux, M. de Lesseps, l'homme qui a conçu, poursuivi, exécuté avec une indomptable énergie, à travers mille obstacles, le projet épique de la jonction des deux mers.

» Cette émotion, c'est la mienne, et je ne m'en défends pas. Cet homme qui a tout fait, ce Français créateur de l'œuvre qui se développe sous mes yeux, il est là près de moi; je le connais d'hier, et cependant j'éprouve à chaque instant la tentation d'imiter l'acte de M. Béhic et de lui sauter au cou. — C'est que le spectacle, monsieur, est véritablement grandiose; c'est que ni descriptions, ni dessins, ni plans n'en peuvent donner une idée exacte ; c'est que, pour s'en rendre compte, pour en saisir les proportions, il faut être ici, il faut voir et toucher. — Bientôt chacun pourra le faire. — Les deux mers qui ne se connaissaient pas sont désormais unies, et l'océan Indien aussi bien que l'Atlantique est au rendez-vous commun que le génie de l'homme leur avait, à jour fixe, assigné.

»Le canal maritime n'est plus un projet, c'est un fait ; il existe, et si bien qu'avant-hier un steamer français, appartenant à la maison Bazin, de Marseille, et venant d'Aden, la *Louise-et-Marie*, y est entré à Suez, a traversé les lacs Amers, dont le remplissage encore incomplet sera terminé dans quelques jours, a mouillé le soir au lac Timsah, devant Ismaïlia, et, poursuivant hier sa route à travers les dragues, qui, si je puis m'exprimer ainsi, donnent au plafond du canal le dernier coup de râteau, est arrivé à trois heures à Port-Saïd.

»C'était, veuillez m'en croire, une scène pleine de grandeur que l'entrée de ce nouveau venu, couvert des pavillons de toutes les nations, au-dessus desquels flottaient nos trois couleurs, ces hourras d'une population de toutes races saluant le premier essai de la voie nouvelle , et donnant par leur unanimité même son caractère propre à cette admirable et pacifique conquête.

»Cela se passait, monsieur, dans un vaste port aux eaux profondes et tranquilles, en présence de cinquante navires de fort tonnage, régulièrement alignés à quai dans de larges bassins, comme ils pourraient l'être au Havre, à Marseille ou à Bordeaux, à côté d'une ville de 10,000 âmes, née d'hier, qui s'augmente et se développe rapidement tous les jours.

»Je venais, depuis Ismaïlia, autre cité nouvelle créée sur le lac Timsah, à peu près vers le milieu du canal, de traverser en barque à vapeur 75 kilomètres de déserts ; j'avais franchi ainsi le seuil d'El-Guisr, dont les déblais, extraits et transportés

par l'effort combiné de milliers d'hommes et d'animaux, ou
par des centaines de machines irrésistibles, ont formé à droite
et à gauche des talus étagés de plus de 20 mètres de hauteur,
laissant entre eux, au fond de cet abîme, une ligne d'eau de
8 mètres de fond et de 60 mètres de large.

»J'avais couru pendant plus de 15 lieues dans les lacs Ballah
et Menzaleh, entre des berges qui isolent le canal au milieu
des lagunes, et dont la confection avec de la vase liquide peu
à peu asséchée et durcie au soleil d'Égypte a été, quoiqu'on
l'ignore généralement, l'une des plus grandes difficultés de
l'entreprise. J'avais vu s'étendre devant moi jusqu'à l'horizon,
de Kantara à Port-Saïd, un plan d'eau qui, sur un parcours
rectiligne de 50 kilomètres, n'a nulle part moins de 100 mètres de large à la surface et de 22 mètres au plafond. Au terme
du voyage, j'avais rencontré le spectacle que je vous ai dit, et
les prodiges accessoires d'une végétation tropicale où se pres-
sent et semblent rivaliser de vigueur les arbres de tous les cli-
mats, depuis le bananier de l'Inde et le filao de Maurice, jusqu'aux sycomores et aux peupliers de nos pays. Eh bien! monsieur, quand je songeais qu'en 1859 il n'y avait là qu'une côte
inhospitalière où la mer se brisait avec fureur, un désert plein
de silence et de mort, des sables arides, à peine foulés de loin
en loin par quelques Bedouins égarés, exposés à y périr de soif;
à l'aspect de cette merveilleuse transformation, je me sen-
tais fier de mon pays et de ses enfants; je me disais que c'était
là le large contingent de la France dans la série des œuvres
internationales qui feront l'honneur de notre siècle; — mais
je me disais aussi que les hommes qui conçoivent, dirigent ou
exécutent de pareils travaux, sont de telle trempe que l'espèce
en est rare, et que, si l'on veut les multiplier au grand profit
de l'humanité entière, il faut savoir les honorer, les récom-
penser à l'égal de leur mérite.

»Veuillez agréer, je vous prie, monsieur, l'assurance de mes
sentiments les plus distingués.

»RAOUL DUVAL,

»Premier président de la Cour impériale de Bordeaux.»

L'autorité d'un homme aussi respectable qu'un des premiers magistrats de France suffira, nous le pensons, pour rassurer les esprits.

Mais, dans l'hypothèse la plus défavorable, notre étude sur l'isthme de Suez n'en subsistera pas moins comme une recherche consciencieuse sur les conséquences de la création d'un canal indo-européen.

Nous avons admis *le nouveau Bosphore* comme un fait réalisé.

Là se trouvait notre point de départ.

Que le travail des ingénieurs ait été plus ou moins parfait, nous ne l'avions pas à examiner. Un tel examen sortait du cadre que nous avions adopté.

Lors même qu'il y aurait quelques défectuosités dans le percement et dans l'installation du canal, la science des praticiens saura bientôt y remédier.

Suez se déploie dès aujourd'hui comme l'une des plus grandes merveilles du génie humain au XIXe siècle. C'est là un nouveau titre de gloire conquis par la civilisation contemporaine sur la barbarie des vieux âges ; rien ne pourra le détruire.

XXVI

Panama dans le nouveau Monde et Suez sur le vieux continent, présentent des consonnances qui ne proviennent pas de l'aveugle hasard, si cher aux doctrines païennes.

Avant les âges historiques, la Providence avait déjà dressé ces deux isthmes comme des digues propres à contenir, dans de certaines limites, les communications entre les peuples disséminés sur les plages des vastes océans.

C'était un bien jadis ; ce serait un mal aujourd'hui.

Si la mer Rouge avait toujours communiqué avec la Méditerranée, l'Europe serait, pour la plus grande partie, dans un état encore sauvage ; si le golfe Arabique ne se joignait pas maintenant aux parages de l'Égypte septentrionale et de la Syrie, grâce au nouveau Bosphore, on aurait à regretter de voir la barbarie régner à jamais peut-être dans les régions baignées par les mers de l'Inde et par les flots immenses du Pacifique.

Dieu fait surgir chaque chose à son heure.

Aux dernières périodes de la formation géologique du globe, le sol de l'Égypte n'existait pas.

Une vaste chaîne de montagnes traverse l'Abyssinie en se développant vers les solitudes de Donga, pour servir de contrefort au grand plateau éthiopien. Aux époques primordiales de la Genèse, ces sortes de Cordillières africaines dominaient sur de vastes mers dont les déserts actuels ne sont que les anciens lits. Un fleuve puissant trouva une source féconde dans ces hauteurs. Il se creusa une direction vers le Nord, désagrégea les sables, les pétrit d'un limon fertile, et reçut un nom devenu célèbre, lorsqu'une civilisation issue des dogmes sacrés du Boudhisme vint s'établir sur le sol de la Nubie.

Tous ces témoignages concourent à prouver que le Nil avait alors ses embouchures vers les cataractes de la Haute Égypte. Peu à peu, avec cette patience divine pour laquelle chaque siècle compte comme une heure, il augmenta la longueur de son cours en s'étendant à travers les bas-fonds du nord-ouest lybien. Par le moyen des périodiques inondations qui proviennent des pluies sur la terre nubienne et dans les montagnes de l'Afrique centrale, il répandit des germes féconds parmi les sables arides et s'avança sans cesse vers le Nord.

Ce serait un problème de savoir si, dans sa marche lente mais immuable, le Nil, en formant sans cesse de nouveaux *bancs* dans son delta, n'aurait pas dépassé de beaucoup les parages d'Alexandrie; mais le grand courant méditerranéen qui longe les côtes du Nord africain, en se dirigeant de l'Ouest à l'Est, vient apporter une suffisante explication à l'état géologique de l'Égypte depuis les premiers Pharaons.

Sous l'impulsion de ce courant maritime, les sables sont refoulées depuis des centaines de siècles dans l'angle formé par le nord-est de l'Égypte et le sud-ouest de la Syrie. A l'origine, ils durent rencontrer les sables refoulés par la mer Rouge au fond du golfe Arabique. Au milieu des remous qui s'établirent dans le choc des flots de la Méditerranée avec les ondes venues d'Aden, le dépôt des débris quartzeux, calcaires et siliceux s'établit, se condensa, s'amoncela grain par grain et finit par former sur une vaste proportion ce que l'on voit encore se réaliser de nos jours dans les bancs de sable de nos côtes françaises.

Ainsi s'explique la formation de ce désert de 160 kilomètres qui sépare Port-Saïd de Suez. Par là, on peut se rendre compte des bas-fonds, des bassins naturels et des marécages qui, sous les noms de lac Menzaleh, lac Ballah, lacs Amers et lac Timsah, coupent et dessinent les configurations du sol depuis la plaine de Péluse jusqu'aux dernières pentes des hauteurs reliées au *Ghebel Geneffe* et au *Ghebel Attaka*.

Mais les atterrissements ont trouvé un auxiliaire dans lesphénomènes vulcaniens pour la formation de l'isthme. Une très-grande partie des sables reposent sur des couches argileuses propres à donner une base solide aux berges du canal.

Un très-soigneux observateur a constaté que « le sol entièrement stérile se compose d'un sable très-fin, parfois mêlé à l'argile ; il est entrecoupé par des surfaces plus ou moins marécageuses ou lacs, dont la présence atteste qu'une nappe d'eau considérable doit avoir jadis recouvert ces bas-fonds, où se rencontrent en quantité des coquilles, des dents de requins et autres fossiles marins. »

Il est donc incontestable que la mer se déployait autrefois entre la terre de Gessen et les déserts de Syrie.

Pour les esprits abaissés dans les simples faits du matérialisme, tout cela ne présente que des phénomènes géologiques. Mais les intelligences élevées dans la contemplation des lois qui joignent le globe terrestre à l'existence de l'humanité et aux volontés divines, trouvent dans la barrière naturelle qui a séparé si longtemps l'Europe et les Indes, une preuve admirable de la sollicitude avec laquelle la Providence surveille et soigne les progrès de la civilisation.

Si Dieu n'avait pas jeté l'obstacle de l'isthme, la métropole du monde entier se serait créée depuis plus de quarante siècles au fond du golfe Arabique. La théocratie égyptienne aurait bien pu fonder quelques villes secondaires sur les bords du Nil, mais la capitale de la civilisation antique aurait jeté ses premiers fondements à l'ouest des vallons de Gessen.

Tyr ni Carthage n'ayant pas de raison d'être, la société humaine se serait agglomérée dans un nouveau centre. Les républiques helléniques auraient été étouffées dès leur berceau. Un empire extraordinaire aurait bâti une capitale babylonienne ; l'Égypte et la Syrie seraient devenues, dès les époques légendaires, sujettes de Suez, et les plus grands faits de l'histoire n'existeraient pas.

La civilisation indienne, mélange de monstruosités et de croyances sublimes, se serait répandue sans entraves dans les régions de la Méditerranée. L'Europe et l'Italie en particulier n'auraient pu prétendre à la domination des terres connues ; tout un monde nouveau remplacerait maintenant celui dans lequel nous vivons.

La Providence ne l'a pas voulu.

Si un Bosphore naturel s'ouvrait, depuis le commencement des âges, entre la mer Rouge et la Méditerranée, qui pourrait indiquer aujourd'hui les voies inconnues dans lesquelles serait entrée la société humaine ?

Mais, pour accomplir les volontés divines, il était nécessaire que les vastes territoires de l'Inde et de l'océan Pacifique fussent absolument séparés de la civilisation européenne.

Au xixe siècle, de tels obtacles n'existent plus.

Le progrès, issu du christianisme, a élevé notre partie du monde à un tel point, qu'elle n'a plus rien à craindre du contact des peuples barbares.

Aussi quel amoncellement de merveilles et de découvertes n'admire-t-on pas dans notre époque !

La vapeur remplace avec une incomparable supériorité

la force musculaire de l'homme; l'électricité supprime les distances; la chimie et la physique pénètrent dans les plus intimes secrets de la composition de l'univers.

Tout acquiert en ce moment, sur le globe, des forces incommensurables; l'isthme de Suez, écartant ses terres, livre passage, au nom de la volonté divine, à l'idée chrétienne qui, sous les formes les plus matérielles et dans ses aspects les plus divins, s'élance de toutes parts dans l'univers, afin de grandir partout l'humanité au nom de la céleste victime immolée sur le Golgotha.

FIN.

TABLE DES MATIÈRES

MONTPELLIER. — Typ. de BOEHM et FILS